GIRMINDL
TEXT II
2004-2010

GIRMINDL

TEXT II

2004-2010

Bibliographische Information der Deutschen Nationalbibliothek:

Die Deutsche Nationalbibliothek verzeichnet diese Publikation in der Deutschen Nationalbibliographie; detailierte bibliographische Daten sind im Internet über http://dnb.dnb.de abrufbar

© 2023 Johannes Girmindl

Herstellung und Verlag: BoD – Books on Demand, Norderstedt

ISBN: 9783743152144

Anpassungsfabrik/Kollaborateure/Vorhang

Sag i ned

Irgendwann bist du anders wordn
Da hab i di aus die Augen verlorn
Dann hast du mi a aus die Augen verlorn
Und jetzt wüst ois wa nix gschehn weidatuan

Doch des moch i ned weil i mog di ned
Des moch i ned weil i mog di ned
Des moch i ned weil i mog di ned
Des moch i ned weil i mog di ned

Irgendwann da hab I di no kennt
Da hab I mi dann an di schnö gwent
Doch dann bist in´d andre Richtung grennt
Und da hab i di dann nimma kennt

Und drum moch is ned weil i mog di ned
Des moch i ned weil i mog di ned
Des moch i ned weil i mog di ned
Des moch i ned weil i mog di ned

Irgendwann da wolltest du wos sogn
Doch so afoch redt ma ned ohne frogn
Die wenigsten können des vertragn
Und drum muaß i dir jetzt wos wichtigs sogn

Doch des sog i dir ned weil i mog di ned
Des sog i dir ned weil i mog di ned
Des sog I dir ned weil I mog di ned
Des sog I dir ned weil I mog di ned

Tätst mi quön

Wenn du lachst und wenn du waanst
Wenn du wirklich nimma kannst
Wenn du wirklich nimma wüst
Weilst di immer nur verspüst
Weilst scho lang nimma mehr denkst
Und di söba nimma kennst

Kannst ma sogn aus welchen Grund
Lebst du lang scho nimma gsund
Liegst du scho so lang am Boden
Und hast gar nix mehr zum Sagn
Hast du goa nix mehr zum Reden
Wüst ma goa nix mehr dazöhn
Is scho wirklich ollas gsogt
Oda glaubst du kannst mi quön

Tätst mi quön tätst mi quön
Du glaubst du kannst mirs ned dazöhn
Glaubst du kannst mirs gar ned sagn
Weil i kunnts bestimmt ned ertragn

Wüst mir sogn es geht um mi
Oda geht's sogar um di
Kannst mir glauben i bin des gwöhnt
Es gibt nix wos i ned kenn
Es gibt nix wos i ned kunnt
Es geht drüber oder drunt
Aber glaub ma heute Nacht mach i di gsund

Engagiert

Am Anfang warst no engagiert bei weitem no ned so verwirrt
Als wie jetzt weil ois di hetzt weil's zschnö geht
Und du nimma mehr gscheit mitkommst

Dir is dann glei klarer wordn du hast nix gwonnen nur verlorn
Wolltest nie so weit ausn Fenster
Als wies´d di letztendlich glant host

Jetzt blickst dahinter
Bist dir sicher aber nur weilst no nix gsehn host
Nur so da gwinnt ma
Da kannst drauf schwörn aber nur weilst nie valurn host

Und so bist dann weidazogn hast fest dran glaubt di nie belogn
Zumindest hast dir weiß gmocht dass´d as kennst
A wennst die Wahrheit nie beim Nam nennst

Wie schautsn aus wos machst dir draus erkennst as no inkognito
Allaa irgendwo und nur ihr zwa
Könnts tuan ois wenn nix gwesn wa

Wos hostn glaubt
Dass olle da so schnö wie du vergessen
Auf des host baut
Aber viele wissen mehr als wos sie wissen

Wohin wird's di heut weidatrogn ganz sicher wirst mas du ned sogn
Drum wird i di a goa ned frogn weil's sinnlos is
Und mi eh ned intressiert

Wos los mit dir wos geht do vua heast host du wirklich no ned gnua
Wüst weida no und genau dorthin
Von wo no kana bis heut zruck is

Vielleicht host recht
Wos waaß ma und woher soll mas scho wissen
Mehr schlecht ois recht
Wos du dazöhst druckt bei mir ned aufs Gwissn

Wenn i wieder sing

I merk es is wieder mal an der Zeit
I gspias in mir drinnen i fühl mi so weit
Daß i wieder wos moch dass i wos sing
Aber i waaß ned ob is am Punkt wieder bring
I waaß ned ob is no kann oder mecht
Vielleicht bin i mittlerweile scho schlecht
I waaß ned obs no wos bringt wenn i wieder sing

A poa Gschichtn könnt I scho no dazön
A poa Antworten gebn die Fragn miaßts ihr stön
Vielleicht waaß i nix vielleicht waaß i vü
Vielleicht wird i launt vielleicht bleib i stü
Ob a Gfühl da is ob i söba wos gspia
Obs fia andre is oda kummts nur vo mir
I waaß ned obs no was bringt wenn i wieder sing

Und dann geht's mi an und i frag mi durch
Is des wirklich guat is es des wos i suach
Is des wirklich schee oda sollt i scho geh
Loss i´s bleibn oda geht's jetzt erst an I bin ma ned sicha ob is no kann

I merk es is wieder mal an der Zeit
I gspias in mir drinnen i fühl mi so weit
Daß i wieder wos moch dass i wos sing
Aber i waaß ned ob is am Punkt wieder bring
I waaß ned ob is no kann oder mecht
Vielleicht bin i mittlerweile scho schlecht
I waaß ned obs no wos bringt wenn i wieder sing
Wenn I wieder sing I waaß ned obs no was bring
Wenn I wieder sing

Hoat

So wia du mir heute vuakummst
Kunnt des wirklich ois so sei
Und wos´d ma heut dazöht hast
Ja des foaht so richtig ei
Kannst da du ned denken wos i mir dabei denk
Es wird hoat

A jeda hot Probleme die muaß a jeda söba trogn
Die kann ka anderer lösen
Des is hoat doch i muaß da sogn
Du waaßt ned wos´d hinwüst
Du wüst ned vire und ned zruck
Des is hoat

Ob is dir wirklich heut dazöhn soll
Oda woat ma liaba auf murgn
Ob i di damit jetztn quön soll
Vielleicht sollt i dir mei Zeit jetzt borgn

Heast woat i glaub des foaht
Jetzt wird's hoat des bleibt kann erspoat
Heast woat jetzt wird's hoat
Des bleibt wirklich kann erspoat

Der Anfang vom End

Wenn du nimma waaßt wies weidageht und auf amoi ollas steht
Is des der Anfang vom End
Wenn du nimma waaßt obst weida wüst
Und du scho goa nix mehr fühlst
Is des der Anfang vom End

Den Anfang vom End den hab i nie kennt
I waaß ned hab i´n wolln
Der Anfang vom End der afoch weidarennt
Vielleichts sein solln

Wenn du nimma wüst und di nur no spüst und es is dir voll egal
Dann is des der Anfang vom End
Wenn du nimma kannst und du zuvü verlangst
Oder vielleicht zu wenig
Is des der Anfang vom End

Der Anfang vom End der afoch nur rennt ohne dass du wüst
Der Anfang vom End den ma sunst ned erkennt
Weil du vü zvü spüst

Woher sollt i des wissen
Bisher wars no nie so
Wieso muss i do mitspün
Warum geht ma nix o

Wenn du nimma kannst vielleicht muaß des so sein und es is a so
Is des der Anfang vom End
Wenns dir so ned passt und a anders ned weil warum denn scho
Is des der Anfang vom End

Der Anfang vom End den ma ned erkennt erst wenn's zspät dann is
Der Anfang vom End der wird nie erwähnt erst wenn's aus is

Wenn du manst wir san am Ende

Du sagst wir sehn uns so selten so selten dassd mi gar nimma kennst
Und du glaubst es wär besser wennst di von mir a zeitlang trennst
Aber i denk ma dass ned guat is glaub ned dass wirklich geht
Weil wenn ma nix mehr miteinander redt kanns sei dass ma si nimma versteht

Aber wenn du dir des einbildest wenn du das wirklich willst
Dann werd i di ned aufhoitn wenn du des wirklich wüst
Wenn des des is wos sein muass weil's anders nimma rennt
Na dann bitte solls so sein nur pass auf dass i di dann no kenn

Du glaubst es vielleicht wirklich
Du glaubst es funktioniert
I bin höchstens skeptisch
I habs zwar ned probiert aber i glaub dass a nix wird

Wenn du manst wir san am Ende
Und es geht wirklich gar nimma mehr
Kann i des ned verstehn warum machst des End so schwer
Warum solls jetzt no so lang geh so lang bis nimma geht
Warum willst du uns des antuan oder verstehst es afoch ned

Du glaubst es vielleicht wirklich
Du glaubst es funktioniert
I bin höchstens skeptisch
I habs zwar ned probiert aber i glaub dass a nix wird

Wennst scho merkst dass ois vorbei is überreisst dass nix mehr rennt
Dann kannst nur blind sein wennst des vorschlagst oder du hast es ned erkannt
I tat sogn komm loss mas bleibn wir sagn es war nix aber schee
Weil i glaub so wärs vü besser und nur so kunnts irgendwie weidageh

Long long gone

Long long gone
Long long gone
You´re so long long gone
Long long gone

You walked through the door
Came here for more
Did you ever find
The things you had in mind

Long long gone
Long long gone
You´re so long long gone
Long long gone

To drift apart
Means nothing but a broken heart
To be set aside
Means nothing but to lose your pride

Long long gone
Long long gone
You´re so long long gone
Long long gone

Long long gone
Long long gone
You´re so long long gone
Long long gone did you ever turned wrong

Das grosse Glück

Wos soll I sogn wos soll I schreibn
Am liebsten lossat is jo bleibn
Waaß ned wos i wü in mir drinnen is ganz still
Ob i no drauf komm ob i des wos i fühl wirklich wü

Und dann stehst du do und du sogst ma dass es nimma mehr geht
Und i merk i wird klana und i schau sicher grad furchtbar blöd

Wos moch i do wos soll i dort
Am liebsten wär I ganz weit fort
Ganz weit weg wo i kann mehr triff
Wo i niemand siech wo wirklich niemand is

Weil i was ned wos i tua und i moch ned wos i soll
Und des foit mir goa ned schwa
I nimm mi söba lang scho nimma für voll

Waaßt du wirklich wos du do mochst
Bist du dir sicher weil i hab den Verdacht
Dassd di mit mir eigentlich nur spüst

Und jetzt dazöhst ma wieder mal du woatst aufs grosse Glück
Du waaßt genau wie des ausschaut oba dazua nimmst mi ned mit

Waaßt wos i glaub es is ned afoch zum sogn
Des wos du wüst wirst wahrscheinlich nie haben
Kana wird sei so wiest dir ihn denkst
Du brauchst ned glauben du kriegst immer ois gschenkt

Angst vorm Leben

Seit i di jetzt besser kenn
Waaß i dass bei dir ollas in´d falsche Richtung rennt
Du dazöhst ma wos´d haben willst
Wos´d ned kriagst und von dem wos´d no gar ned kennst

Hast nur Angst weil's kunnt wos werdn
Manche Leut haben Angst vorm Sterbn
Nur du hast Angst vorm Leben

Und du sagst mir dein Geschichten
Gehen mir überhaupt nix an
Und dass wenn i will
Mir a ganz wen andren suchen kann

Wennst dich fixierst und ois abwürgst
Wonst glaubst dass´d es ned gspiast
Kannst sein dass´d irgendwann
Nix mehr fühlst und willst

Wer bist du worden

Und dann wird ma der von dem ma sing
A wenn das Singen nix mehr bring
Und dann wird ma der von dem ma Schreibt
A wenn ma längst nur mehr schreit

Wer bist du wordn
Aus die Augen verlorn
Wer willst du sein
Willst du der bleiben

Und dann is ma der den ma ned mog
Und ma sieht erm Tag fia Tag
Stehst vorm Spiegel bist dir fremd
Solche Typen hast du nie kennt

Wer bist dur wordn
Aus die Augen verlorn
Wer willst du sein
Willst du der bleiben

Und dann kummt drauf da rennt wos foisch
Die längste Zeit bist scho im Oasch
Und selber ana denst ned mogst
Nur dassd es jetzt nur leise sagst

Wer bist du wordn
Aus die Augen verlorn
Wer willst du sein
Willst du der bleiben

Bleib ned steh

Du stühst di ausn Haus deine Oidn schlafen scho
Ois geht dir am Oasch und drum reisst jetzt o
Die Zeit is lang vorbei und sie arbeit jetzt fia di
Schee langsam bist dir sicher so was wüst du nie
Du hast es nie verstanden und du wirst es nie versteh
Du wüst es gar ned wissen und drum is jetzt Zeit zum Geh

So lang warst du do so lang wolltst scho furt
So lang hast drauf gwoat jetzt waaßt wie guat des tuat
Do passt du ned her des hast scho fix entschieden
A wenn's niemand passt ihr seits hoit verschieden
Du hast es kapiert sie werdens nie kapiern
Du glaubst du waaßt ois sie glauben du hast ka Hirn

Egal wos du erreichst egal wos du a mochst
Du hast scho so vü Ehrgeiz dassd es erna zagst
Sie solln di nur verstehn nix andres willst du haben
Doch wer kann a andre Meinung scho vertragen
Irgendwann kneißt mas o irgendwann reisst ma o
I glaub so wars scho immer wos ändert si denn scho

Dann

Du kennst di aus kämpfst di durch
Du host ois wos i no suach
Gehst gradaus drahst di ned um
Fragst nie warum

Du waaßt wosd wüst do bist dir sicher
Des dazöhst wirst lächerlicher
Jeder gspiats do ausser dir
Geht's dir wie mir host du ka gspia

Ja und dann fragst nur wann
Wann kumm i denn amoi dran
Wann kumm i amoi nach vua
Wann geht's mir guat wann hab i gnua mit dem wos i tua

I sitz do und hör ka Wort
Weil du bist scho wieder furt
Waaßt jo goa ned wie des tuat
Glaubst mir geht's guat

Und dann kummst zruck i bin allaa
Und auf amoi samma zwa
Zerst warst furt du warst durt
Und i war do geht dir wos o

Ja und dann schaust di an
Wenn nix mehr geht ma nimma kann
Du hast gspiat dass nix mehr wird
Und dann kummst drauf heut hob i gspiat wie ma valiert

Die Anpassungsfabrik

Scheisse wo ma hinschaut ollas link und korrupt
Kana der si kümmert niemand der wos sogt
Jeder der do hinschaut aber kana der wos sieht
Kana der si wehrt habts ihr denn ka Gsicht

Es kann scho möglich sein vielleicht habts es irgendwann amoi verlorn
Klarerweise is dann ollas afocher worden
Ma hat si arrangiert ma is jetzt involviert
Und ma is glücklich dass ma a ruhige Kugel schiabt

Wos fia a Glück
Die Anpassungsfabrik
Schritt fia Schritt
Aus der Anpassungsfabrik

Irgendwer hot euch ausbüd zu dem wos ihr jetzt seids
Die anzige Sorge is euer Arbeitsplatz
Den nimmt euch no wer weg hoits erm schnö ganz fest
A bissl Göd a bissl fernsehen gibt euch den Rest

Die Angst die steht da draussen ganz nah vor eurer Tür
Den Moment wird's läuten dafia hob i a Gspia
S´is besser ihr hörts weg und drahts des Radio auf
Man kann ja eh nix machen ollas hot sein Lauf

Wos soll i morgen kaufen wos geht si denn no aus
Wos kann i mir ois leisten kumm i dann no draus
Ganzer sicher muaß is haben weil ohne dem geht's ned
Weil es derf ned sein dass i´s ned aber a andrer hät

Oida

Mir brennt der Schädel wenn i hör wasd mir du ois so dazöhst
Jedes Wort schneid mir ins Hirn du hast a Hetz wennst mi so quöst
Du hast an Spass bei deine Schmäh aber kann Schmäh bei deine Witz
Oida reiss o sonst trifft di heut no der Blitz

Er hat di gstreift bin i mir sicher irgendwann vor langer Zeit
Und seitdem bist du so deppat heast ma merkt des a no heut
Du hast a Gabe zum Kaschieren und a Gabe zum bled Reden
Aber glaub ma so wirst ned lang leben

Pass guat auf wosd heut no sogst
Es kunnt sei dass kana mehr packt

Wie kunnt ma dir denn da no helfen jeda Notarzt kummt do zspät
O kunntat so vü wissen doch bei dir höfat des ned
Kauf dir an Sta und häng dirn um
Oida bitte bring di um

Pass guat auf wosd heut no sogst
Es kunnt sei dass kana mehr packt

Dranbleiben (am Dranbleiben)

Heut wird's spät weil nix mehr geht und wir schaun scho
Ganz schee bled aus der Wäsch und des pack i ned
Heut wird's spät weil es is zspät und wos machen kann i ned
Wenn nix mehr geht wird a nix mehr gredt

Heast bleib dran schau di an dann kommst an
Dranbleiben am Dranbleiben

Du stehst hint wo ma findt wos ma eigentlich ned kennt
Wos ma suacht kriagt und verflucht
Hoitst es fest ganz nah bei dir und drum spüts nix mehr mir mir
Hob mi gern wos soll scho werden

Heast bleib dran schau di an dann kommst an
Dranbleiben am Dranbleiben

Und dann kneisst o du hast di girrt hast fest glaubt dass no wos wird
Hast es nur ned wahrhaben wollen wieso solltest jetzt bereun

Suach dir söba wos wos geht weil bei mir geht des so ned
Aber wos red i du kennst mi eh
Nur kenn i di a ganz guat und drum glaub i dir ka Wort
Fia di spü i nie wider des Weh

Heast bleib dran schau di an dann kommst an
Dranbleiben am Dranbleiben

Wenn i mir so denk

Wenn i mir so denk was i wirklich wü
Wenn i mir so denk wenn i grad spü
Mit dir mit dir
Und du du spüst di mit mir

Wenn i mir so denk was i grad wü
Mir Gedanken mach woher kummt des Gfühl
Fia di fia di
Bitte fragts ned mi

Wenn i mir so denk was i wirklich denk
Na dann sag is ned und ihr sterbts halt bled
Naja naja
Na dann is das halt a so

Niemand derf ma sagen

Es is scho spät
Aber i waaß dass sunst ned geht
Drum sag is jetzt
Weil sunst wird nie was passiern

Was i dir sag
Is dir vielleicht egal
Doch fia mi is es mehr
Als was du glaubst

I derfs ned sagen drum tua is ganz still
Weil niemand derf ma des sagen was ma will

Die Lippen fest
Aneinandergepresst
Da kummt nix durch
Ka Wort a wenn ma suacht

Was i dir sag is ned egal
Fia mi is des vü
I schreibs di da auf an Zettel
Der ghört mir – wennst wüst ghört er a dir

I derfs ned sagen drum tua is ganz still
Weil niemand derf ma des sagen was ma will

Ned haaß aufs Verrosten

Der Bahnsteig is scho leer die Leut sitzen scho drin
Weil der Zug glei foaht
Und er is a glei do hot no nie an versamt
Hot aber a no nie auf an gwoat
Es is no kana kommen

Und dann steht er do und schaut erm nach
Wie er langsam klana wird
Wie er gradaus fahrt ohne zögern
Er hat si no nie in der Richtung geirrt
Des kunnst von erm ned sogn

Und dann foaht er wieda owe mit der Rolltreppe
Und sein Koffer in der Hand
Er waaß no immer wo jeder Zug hingeht
Jedes Ziel hat er kannt
Er hot no kans vergessen

Aber jetzt is des egal und es kümmert niemand mehr
Wos er ned und wos er waaß
Fia erm hams da ka Gleis geplant
Und er war ja eh ned drauf haaß
Ned haaß aufs Verrosten

Morgen is er wieder gstöt pünktlich
Er is no nie zspät kommen
Bis auf amoi wo sei Zug abgfahrn is
Der hat erm nimma mitgnommen
Und er waaß ned wohin

Wos hät des fia an Sinn

Wenn i a so aus mein Fenster schau
Wenn i a so auf die Gassn schau
Wenn i euch seh wies ihr so dahin rennts
Dann bin i froh dass i euch ned näher kenn

Kann ma ned vorstelln wos geht da vor
In euern Kopf drin wos geht da vor
Des gibt ma dann a bissl scho zu denken
Doch andrerseits warum soll i euch mei Zeit schenken

Warum soll i drüber nachdenken
Euch mei Zeit afoch schenken
Warum sollt i drüber nachdenken
A wos hät des fia an Sinn

I sitz heroben weil is besser waaß
I sitz am Fenster weil i´s wirklich besser waaß
Nur bitte sagts mir wos sollt i euch denn sagen
Weil von allaanich wird mi kana fragen

Warum wird mi kana fragen
Warum kann i´s dann ned sagen
Warum wird mi kana fragen
Warum
A wos hät des fia an Sinn

Lebst wieder

Und auf amoi geht's wieder weida
Und es geht die Sunn wieder auf
Und du kummst endlich wieder amoi vire
Und du denkst nimma dran
Was alles war was sein hät soll
Weil endlich geht's wieder weiter
Und mehr hast du eh ned wolln

Du warst scho ganz unten
Aber jetzt geht wieder bergauf
Naja klar von ganz unten
Da geht's dann nur no hinauf
Und an des hast ned denkt
Und niemand glaubt
Doch jetzt gspiast es söba
dass di endlich wieder virehaut

Jetzt bist endlich wieder da
Und schaust di a wieder im Spiegel an
Aber wie du waaßt gibt's da Zeiten
In denen ma des ned so kann
Doch die san vorbei
Und mittlerweile lebst du wieder
Mittlerweile da lebst du wieder

Hör auf

Hör ma auf mit deine ganzen Gestern
Hör ma auf damit was amoi war
Hör ma auf damit wos amoi sei hat solln
Es is vorbei wann wird dir des klar

Weil ollas wos du machst muasst du erklärn
Weil du bist der Meinung jeder wills hörn

Hör ma auf damit woas ois vor dir liegt
Hör ma auf damit was du ois kannst
Hör ma auf damit wasd no ois machen willst
I habs ned zählt a jede Chance

Heast bist da du do sicher wie kannst des glaubn
Ned an jeden muaß des wos du erzählst taugen

Hör ma auf damit wosd ois dazön willst
Hör auf es hört dir kana zua
Hör ma auf mit demst uns quön wirst
Hör auf es gibt ka Ruah

Wennst du ned endlich irgendwas macht
Wennst ned was probierst was du a schaffst

Hängst an wem

Du schaust nur auf sie sie ned auf di
Sie is ois fia di du ned fia sie
Wie is des fia sie des frog i mi
Weil du schaust nur auf sie sie ned auf di

Kannst mir sogn obst grad an wen denkst
Kannst mir sogn obst grad an irgendwem hängst
Kannst erklärn wos dir denn des gibt
Wennst auf wen stehst der di aber ned liebt

Waaßt du wos du mochst und wos du wüst
Du glaubst dassd di du mit ihr nur spielst
Doch sie sie hat vü mehr drauf ois du
Valurn hast dann nur du und des im nu

Kannst mir sogn obst grad an wen denkst
Kannst mir sogn obst grad an irgendwem hängst
Kannst erklärn wos dir denn des gibt
Wennst auf wen stehst der di aber ned liebt

Schau umma

Schau umma
Umma fia a Weil
Denk dir nix dabei
Es is ja glei vorbei

Hast an Tram
Den kennst nur du allaa
Kannst mirn ja dazöhn
Oder di mit erm quön

Schaust weg
Hab i nix davon
Merkst es vielleicht schon
Brinst mi so am Boden

Mia zwa zufällig allaa
Zufällig a do
Doch du reißt jetzt o
Und i bleib allaa
Und i bleib allaa

Jawohl

Sie wolln dir immer so oft dazöhn
Wos is guat fia di damit wollns di quön
Wos is guat fia di oder eher fia sie

Drum sag nie jawohl
Nie sag jawohl
Nimms ned fia voll
Nie sog jawohl

Is doch ois scho so oft passiert
Fia links und rechts in Tod marschiert
Aber nie niemand hat wos kapiert

Drum sag nie jawohl
Nie sag jawohl
Nimms ned fia voll
Nie sog jawohl

Und heute is no immer so
Von links und rechts da fliagns mi an
Fäulns mi an des mocht mi hi
Mi aber i denk ned fia di

Drum sag nie jawohl
Nie sag jawohl
Nimms ned fia voll
Nie wieder jawohl

Kollaborateure

Du glaubst es immer no du glaubst es afoch so
Du glaubst es ohne fragen nur weil's dirs oft gnuag sogn
Es wird an vorgekaut ganz ohne dass ma schaut
Wos do am Teller kommt des is ma lang scho gwohnt
Du hasts scho so oft gsehn des muaß schnö owe gehen
Des derf ned stecken bleibn

Du warst no nie verwirrt du bist konditioniert
Du bist drauf eingstellt worden drum machst dir kane Sorgn
Fia di is nix verdraht und dir is niemals fad
Du mochst an Ausgleichssport ja manchmal is scho hoat
Du waaßt genau wos fehlt und deswegen host as gwöht
Und jetzt quöns uns

Es derf nie anders werdn du wirst di do ned irrn
Du musst kollaboriern
Du kannst di doch ned irrn ja du musst mitmarschiern
Du musst kollaboriern

Fia mi is leicht zum Sagn sowas wird mi nie plagn
Sowas wird mi nie störn auf des kunnt i nie hörn
Auf des kunnt i nix hoitn auf sowas einefoin
Doch so gschickt bist a und sicher ned allaa
A jeda hot a Glück weil ma kommt Schritt fia Schritt
Aus der Anpassungsfabrik

Niemals fad

Immer Sommer schwimmen des Tag fia Tag
I schwimm ermäßigt weil ma mi mog
Im Käfig Fussball oder im Park
Mir is niemals nie is mir fad
Mir is niemals fad

Gemma ins Kino was fia a Füm
Egal wos zeign swird scho was spün
Und was is nachher wieder in Park
Mir is niemals nie is mir fad
Mir is niemals fad

Und dann redens immer von Orientierungslosigkeit
Und was fangt der Mensch denn an mit seiner vielen Freizeit
Und dann erfindens fia uns olle a super Angebot
Und man nimmt an weil ma fühlt si eh scho tot

I mach jetzt Kurse fia irgendwos
Wird mi verbessern dann is wos los
Wos i jetzt moch doch sunst nie tat
Mir is niemals nie is mir fad
Mir is niemals fad

Exodus

Der Johnny Boy woa so ana
In der Schui hat er immer nur 1a ghabt
Fußballspielen hat er glernt im Käfig
Und er hat glernt wie ma si mit die andren vertragt

Und irgendwann da is er ausse
Er is ausse aus seiner Stadt
Er hat gaschaut wies wo anders ausschaut
Weil er hat si traut

Und sei Mutter sagt na bleib do bleib do
Weil so wie i die Wöd kenn
Schalchtens di woanders ab
Und er sagt na MamaHurch guat zua

Und irgendwann war er dann
Weit weit weg
So weit dass er si gar nimma erinnern hat können

Dass er si überhaupt nimma erinnert hat
Wer er is woher er kommt und was war

Und sei Mama die hat gsagt
Heast bleib daham
Heast bleib doch da
Was hastn dort schon verlorn

Und der Johnny Boy sagt
Mama i bleib ned da i muss fort
Und des war das letzte wos von ihm ghört hat – das letzte Wort

Wenn i aussegeh

Wenn i aussegeh is vurbei
Dann schau i mi no amoi um
Dass i waaß wies woa
Wenn i aussegeh is vurbei

Wenn i aussegeh is vurbei
Vielleicht schaut ma wer nach
Dass er waaß wer i woa
Wenn i aussegeh is vurbei

Vielleicht waaßt es du dann ja
Wer i eigentlich den Abend woa

Wenn i aussegeh is vurbei
Wenn i aussegeh is vurbei
Und es schaut si kana mehr um
Wenn i aussegeh is vurbei

Garoka-Blues

Ich habe jeden Tag an andren Namen
Und des hat scho a sein Vorteil bei den Damen
Weil so kann sa si für mi nie wirklich überschneiden
Und ma riecht den Braten ned scho von der Weite

Wenn i mi mit ana Dame so verabred
Dann kanns schon sein dass ma bei der glei ana abgeht
Aber auch andre noch zu treffen wäre herrlich
Und des kann i weil i war no niemals ehrlich

I haaß Garoka und spü Poker mit den Damen geht des locker
Es hat no kane überrissen wie des rennt
I hab des fast perfektioniert dass es fia mi immer was wird
A Taktik die ausser mir da kana kennt

Wenn i am Tag a so spaziern geh
Dann kanns ned sein dass ich a Schönheit überseh
Doch auch im Internet da bin ich sehr präsent
Trau ich mich mehr als sonst und geb mich ungehemmt

Und dann spät abends lieg ich im Ehebett
Bin immer müde und ned selten bin i fett
Will meine Frau viel mehr als ich noch leisten kann
Aber entschuldigung ich bin doch nur e i n Mann

Mit Bedauern

Ja mit Bedauern muss i fetsstellen dass fia ma do ka Platz mehr is
Dass i mi vü zvü arrangieren müsst und dass i des gar ned wü
Dass i do zu oft überlegen müsst bevor i no irgendwas sag
Und dass i des ned so kann und dass i des goa ned mag

Ja mit Bedauern muss i feststellen dass ma des wos i sog ned mag
Vielleicht weil mas ned versteht oder is euch afoch zvü
Vielleicht miaßat ma si Gedanken machen vielleicht a bissl überlegen
Aber dass des manchmal ned einepasst des kann i mir scho vorstellen

Ja mit Bedauern muss i feststellen dass i glaubt hab dass es anders wird
Dass i womöglich zu afoch dacht hab und dass ma si hoit manchmal irrt
Aber sowas kann an jeden passiern und i bin euch gar ned bös
Aber beim nächsten Mal denkts bitte ned an mi weil der Gedanken allaa macht mi nervös

Ja mit Bedauern muss i feststellen dass fia mi da ka Platz mehr is
Dass es höchste Zeit is dass i geh und dass i da ja nix vergiss
Dass i mi nimma länger da aufhoit und dass i da nimma länger stör
Und i versprich euch Hand aufs Herz dass ma do nix mehr von mir hört

Ohne di ned

Bist da du sicher mit uns
Ganz sicher dass a wos wird
Ned dass es jetzt nur a Spiel is
Und ma si hoit manchmal irrt

Weil ma täuscht si so schnell und wieso sollt es jetzt geh
Weil bis jetzt wars no nie und auf amoi hauts hin

Glaubst dass´ geht
Weil i glaub es gangat ohne di ned

Du waaßt scho meistens wos´d wollen tätst
Du waaßt a oft wies´d es kriegst
Du waaßt fast immer was´d solln tätst
Nur dass´d ned wirklich drauf fliagst

Und dann tuast wos dir passt und dann tuast was dir gfoit
Und a jeda sogt na na so wirst ned oid

Waaßt wos ned geht
Wos ned geht es gangat ohne di ned

String broke

It was such a lonely evening
We were sitting 'round this evening
I was taking my guitar
Starting out my favourite song
And then a string broke

You were lying next to me
Such a lovely girl to see
I was taking my guitar
To sing a love song to my star
And then a string broke

A string broke a string broke
And then a string broke
A string broke a string broke
And then a string broke

I was thinking of a song
A filler should'nt take so long
I was taking my guitar
Looking for some chords and where they are
And then a string broke

A string broke a string broke
And then a string broke
A string broke a string broke
And then a string broke

Precious Memories

Long long time ago you took me back
You took me back
Just slack

Long long time ago it was the sound
It was the sound
When you were around

Take me back just slack
Just the sound you around

Long long time ago you were true
Put me down
When I had you

Ned no amoi

Waaßt wos´d mi du heute kannst
Des hast du früher nie können
Aber du wirst doch ned wirklich glauben
I wird dir ewig nachrennen

Weil du glaubst doch ned dass i no amoi mit dir
No amoi mit dir oder du mit mir
Weil du glaubst doch ned dass i no amoi mit dir
No amoi mit dir oder du mit mir

I waaß no guat wie des war
Kann mi ganz scharf dran erinnern
I war damals a Narr
Und du warst am Gwinnen

Und jetzt glaubst glaubst doch ned dass i no amoi mit dir
No amoi mit dir oder du mit mir
Weil du glaubst doch ned dass i no amoi mit dir
No amoi mit dir oder du mit mir

Xund

Xund
Was kann scho xund sei
Wos is guad
Wos waaß ma wos tuat
Sie
Sie wolln dir dazöhn

Dazöhn
Dazöhn wos di xund macht
I waaß wer z´letzt lacht
Dazöhn wos di gsund macht

Manchmal waaß ma nix
Und manchmal vü
Manchmal denkt ma nix
Und dann bleibt ma stü

Xund
Na wos kann scho xund sein
Wos is guat
Wos waaß ma wos tuat
Sie
Wolln dir dazöhn wos xund is

Manchmal waaß ma nix
Und manchmal vü
Manchmal schreit ma
Und dann bleibt ma stü

Schritt

Es is nur a klana Schritt
Der foit niemand auf
Den kriagt kana mit
Aber i steh da drauf

Du du spüst ned mit
Du kennst di aus
Du kriegst an Tritt
Aber du hoitst di raus

Es is nur a klana Schritt
Der foit niemand auf
Den kriagt kana mit
Aber i steh da drauf

Mindestrentner

Verstaubte Bilder jetzt staubt sies o
Des macht sie täglich des ghört si so
Des woa nie anders wie er no war
So wars scho immer des is doch klar
Des war nie anders des ghört si so
Des is doch klar

In ihrm Kaffeehaus im 1. Stock
Draußt am Balkon geht ihr nix ab
Was soll ihr abgehn wos si ned kennt
Wos sie nie gspiat hat wer sie no kennt
Im 1. Stock in ihrm Kaffee
Wie sollt des geh

A Mindestmass an Leben
Des is fia sie scho gnua
Zuvü Göd derfst ihr ned geben
A Mindestrentn nur

In ihre Bilder da steckt ihr Leben
Drum wird sies niemals heruntergeben
Des macht a andrer da kannst drauf schwörn
Doch erst dann wenn's ihr nimma ghörn

A Mindestmass an Leben
Des is fia sie scho gnua
Zuvü Göd derfst ihr ned geben
A Mindestrentn nur

Vastö di ned

Sag nur die Wahrheit
Red nie was nach
Kumm vastö di ned

Der Rest ist Schweigen/BEAT

Ka Platz

Des Liacht geht scho aus du host heut no vü vua
Du stühst di hinaus du hast lang scho gnua
Wüst heut nimma mehr es liegt hinter dir
Doch morgen da bist scho boid wieda hier

Lang scho hast kann Platz zum Bleibn ja ned amoi zum untersteh
Du host kann Platz zum Weidageh und deswegen bleibst steh

Ja früher warst schnö da bist no wer gwesn
Dann hast es verlernt jetzt bleibn dir nur no die Spesen
Manxmoi da denkst zruck kannst di no guad erinnern
Es mocht di nimma verruckt weil andre geht's schlimmer

Lang scho hast kann Platz zum Bleibn ja ned amoi zum untersteh
Du host kann Platz zum Weidageh und deswegen bleibst steh

Ned des wos ma lernt is a des wos ma kann
Und des wos ma macht geht an ned immer was an
Kann sein dass ned stimmt womöglich wird glogn
Wos du dazua maanst des wirst du nie sagn

Lang scho hast kann Platz zum Bleibn ja ned amoi zum untersteh
Du host kann Platz zum Weidageh und deswegen bleibst steh

Sowas von fort

Du bist heut sowas von furt du bist goaned da
Verstehst ka anziges Wort wos geht dir denn o
Hast du heute ka Gfühl hast du jemals ans ghabt
Und wo bringt di des hin wos du immer a mochst

Du heast ma goa nimma zua du wüst jetzt nur no die Ruah
Du hast jetzt nix mehr zum Sagen
Du heast ma goa nimma zua du wüst jetzt nur no die Ruah
Du wüst es nimmer ertragen

Du gspiast kann Boden unter dFiaß du kannst seit langem scho fliagn
Du hast des irgendwann glernt kannst wie sunst kana liagn
Sodast es söba scho glaubst es is ollas so wahr
Wennst wüst dass wirklich so is heast wann siehst wieder klar

Du heast ma goa nimma zua du wüst jetzt nur no die Ruah
Du hast jetzt nix mehr zum Sagen
Du heast ma goa nimma zua du wüst jetzt nur no die Ruah

Vua dir steht goa kana mehr nur no Stana und Holz
Dafia is sunst ollas leer wos dir ghört wennst wüst ghoits
Es föht ma nur no die Lust dass i sog wos mi stört
Doch i sog nix bewusst weil mir gar nix mehr ghört

Du hast jetzt nix mehr zum Sagen Du wüst es nimmer ertragen
Du heast ma goa nimma zua
Du hast jetzt nix mehr zum Sagen Du wüst es nimmer ertragen
Du wüst jetzt nur no dei Ruah

Mr Singh

I met a man who was a fortune teller
His name was Mr Singh
He asked me if I´m able to speak English
He was from India I think

Bad thinking short life
Good thinking long life

Host Zeit

Host heut Zeit
Host was vua
Bist verplant
Muasst zur Tant

Oder kummst
Umma 8
Heut aufd Nacht

Wennst kummst
nimmst as mit
Könn mas hörn
So a Glück

I hab gnua
Na wennst wüst
Wennst as kühlst

Sogst ka Wort

Du bist so selbstgerecht und da wird mir scho schlecht
Und do tät i am liebsten speibn
Und du stellst di her und du tuast ois wia
Warum muass des Theater sein

Heast du spielst mit jeden und du nennst des Leben
Und a jeda hört wos er wü
Du bist ned zum kriegn beim Betrügen und Lügen
Wann bist du endlich still

Warum hoitst mi ned auf
Warum hüfst mir ned bringst mi ned drauf
Warum schaust mir nur zu
Rührst kann Finger lasst mi in Ruah

Wo gibt's des zum Sehn wie kann sowas gehn
Wie kummst du immer durch
Na gibt's do kann der schnoit der nix von dir hoit
Es wird Zeit dass i an suach

Ja warum hoitst mi ned auf
Warum hüfst mir ned bringst mi ned drauf
Warum schaust mir nur zu
Rührst kann Finger lasst mi in Ruah

Du bist ned zum Ertragen des muass i dir jetzt sogn
Du kennst mi und du waaßt wos i denk
Drum huach ma jetzt no amoi guat zua
Bevors zspät is
Is loss di glei wieder in Ruah bevors zspät is

Im Vorübergehen

Machst dir du Gedanken über das was du erlebst
Oder is dir lieber wenn's nur schnell vorübergeht
Vielleicht an dein Leben und des kennst du nur vom Sehn
Du maanst des is besser weil da muass is ned verstehen

Du wüst ned nach vire und du wüst auf kann Fall zruck
Ned jeda soll ois wissen und drum wird vü owegschluckt
Doch du maanst des passt scho des wird dir ned zur Last
Und du waaßt vor allem werst bist und du waaßt a wos du hast

A Anderer

Es is der afochste Weg zum Sagn i wü des ollas do nimma tragn
I wü des ollas da nimma sehn und drum muass wer anderer gehen
Es sollt wer anderer statt mir da sein
Und drum lossat is am liebsten bleibn
I wü nix mehr sagen des sollt wer anderer fia mi trogn

Des sollt a anderer fia mi sehn do sollt a anderer fia mi stehn
Do muass a anderer fia mi sein und drum lossat is am liebsten bleibn
Des muass a anderer fia mi tuan i hab scho lang da nix mehr valurn
Es sollt a anderer fia mi gehen i loss es bleiben i loss es stehen

Des sollt a anderer fia mi tuan denkst du dir des öfteren nur
Es könnt a anderer fia mi tuan dann hätt a anderer a amoi valurn
Des sollt wer anderer fia mi mochn es sollt a anderer fia mi lochn
Es sollt a anderer fia mi redn es sollt a anderer fia mi gehen

Es sollt a anderer fia mi sein es sollt a anderer fia mi bleibn
Es sollt a anderer fia mi spün es hat a anderer an andren Willen

Da wundert di no wos

In ana Stadt wo die Leut ihre Hund
Lieber ois ihre Kinder ham
Da wundert di no wos

In ana Zeit wo ois glei a Kult is
Und ned vorher erst no a Schmarren is
Da wundert di no wos

Da wundert di no wos
Du wunderst di zrecht
Du waaßt ned obs a Schmäh is
Is a Fälschung oder echt
Is des wahr was dir dazöhn
Is des wahr was ma so sagt
Oder was du täglich hörst und siehst
Vielleicht is glogn

Auf ana Plattn die nur rund is
Die si draht
Da kann was drauf sein was mir gfoit
Doch vü is fad
Da wundert di no wos

I kann dazöhn und i kann singen was mir gfoit
Und i kann sagn wos i wü oder was i sollt
Da wundert di no wos

Mei Illusion (Wie kumm i am Boden)

Hob i scho je wos gsagt konkret
Oder hab i mi immer hinter Wörtern versteckt
Vielleicht womöglich und i hab mi versteckt
Hinter die foischn kana hot mi je entdeckt

I hab scho so oft immer vü gsogt
Die meisten male ohne dass mi wer fragt
Fast immer hats kann interessiert
Und kann schockiert und niemand verwirrt

Warum i des tua des frag i mi gnua
Des frag i mi oft i hab mir erhofft
Lenkts mi o und geht's nur a so
Mei Illusion wie kumm i am Boden

Mittendrin (Wie im Film)

Du fühlst di wie im Füm ka Regie du musst ned spün
Doch du bist mittendrin und du waaßt ned wo bringts di hin
Es gibt ka Buach kann Blick hinter Kulissen a ned wenn ma suacht
Am liebsten wärst Statist aber du hast die Hauptrolln
Jetzt waaßt wie des is

Immer nur an Blick erlauben des geht ned auf die Dauer
Des wirst doch ned glauben
Immer nur im Schatten stehn wenn's haglich wird ausn Bild gehen

Du kennst dein Text doch der Zusammenhang der is zu komplex
A jedes Wort
Du sagst es und dann is a scho furt
Tätst ihn sehn tätst deswegn ins Kino gehen
Tätst ihn verstehn den Film über dei Leben

Ois wissen

Zerst war nur ana do um die Eckn war der Wagen
Und i wunder mi warum olle so schaun
Wis is passiert wos isn gschehn
Geht's auf die Seitn i kann nix sehn

A jeda muass ois wissen es is eh a so wie immer
Wenns dir wer erzählt war meistens ois vü schlimmer
Und i wüs jetzt a wissen i wü jetzt wos sehn
Lossts mi doch vire wos is scho wieder gsehn

Na endlich und es losst mi ana durch
Jetzt bin i glücklich weil jetzt hab i wos i suach
Da liegt ana schaut aus wie i
Na der riaht si ned wahrscheinlich is er hin

Lass niemand warten

Lass niemand warten
Vielleicht wart sunst zlang
Lass niemand warten
Weil irgendwann wart er nimma

Ob du an ana Eckn stehst
Oder grad irgendwo hin gehst
Es wart vielleicht wer auf di
Dass kana wart sowas passiert sunst nie

Lass niemand warten
Vielleicht wart sunst zlang
Lass niemand warten
Weil irgendwann wart er nimma

Manche warten auf die hast vergessen
Und es gibt welche die warten und dies gar ned wissen
Sie warten auf di doch du gehst ned hin
Du hast die Möglichkeit doch du nutzt es nie

1:1

I würd ned behaupten dass i als erster kumm und als letzter geh
Weil i kumm meistens zspät
Und i geh früher weil is bis zum Schluss ned immer durchsteh
I kann lang und meistens kann i sogar länger ois i wollt
Aber wenn i hamkumm is meistens so spät
Dass i mi am nächsten tag nimma dran erinnern sollt

Und i bin meistens dann glücklich
Wenn nur ana da is
Oder es kann a ane sei aber mehr pack i ned
Des wär nix fia mi da wär i ned gern dabei
I brauch kann Massenauflauf des is nix fia mi
Der lenkt mi ab vom Wesentlichen und i krieg Angst

Drum muass i anmerken
I muass vorbringen
I muass drüber a Liad singen
1:1 is mir lieber

Naja möglich und i hab vielleicht a Konzentrationsschwäche
Und i kann mir mei Aufmerksamkeit ned richtig einteilen
Aber letztendlich is des hoit a so und i hab mi dran gwöhnt
Und mir gfoits und wer will kann si drauf einstellen

Na i waaß ned obs a Fehler is und mir wärs a egal
Weil i mach so und i tua so

Öfters kummts a vor dass i plötzlich verschwunden bin
Und des liegt daran dass i abreiss ohne was zu sagen
A ned so die feine Art aber was soll i machen

Wann i geh will i gehen und i will mi dann ned lang verabschieden Oder überreden lassen dass i no länger bleib

Bis zur Tür (Ich will mir meinen Teil nicht denken)

Es liegt wahrscheinlich dran dass i mir mein Teil ned denken will
Dass mi wichtig nimm und deswegen immer vorn stehn will
Dass i dabei sein will und nie daneben stehn will
Dass i dazua ghörn will vorausgesetzt dass is wirklich will

Sie sagt erm dass besser is wenn er ned so deppat is
Dass er weidageht obwohl si erm den Weg verstellt
Doch sie sieht ned weida nur bis zur Tür
Und sie hat ka Ahnung und er bleibt bei ihr

Gestern

Wenn i mi manchmal a so umdrah und nach Früher suach
Dann waaß i oft ned wos schaut besser aus
Heut oder Gestern

Wahrscheinlich Gestern weil mas von Heut sieht

Bei mir war des scho immer so Gestern war mir lieber
Weil Gestern war scho vorbei

Gestern kann nix mehr passiern und fia morgen is no ollas offen

Verwirrt

Du kennst di ned aus
Normalerweise suachst aus
Und hast recht
Doch jetz fühlst di schlecht
Hast di girrt
Bist auf amoi verwirrt
Und riskiert ma ned oft
Mehr ois ma verliert

Schaust du zruck
Oder immer nach vorn
Wächst der Druck
Ma hot oft schnell was verloren
Und ma findt oftmals
Wenn ma wos hat
Wenn ma suacht
Geht an ned immer was ab

Lass mi schlafen

Lass mi schalfen
I waaß gnua
I hab scho gnuag gsehn
Lass mi in Ruah

Lass mi schlafen
Wenigstens jetzt
I hab schi gnuag gsehn
Lass mi in Ruah

Spannend bis zum Schluss

I waaß ned wos morgen kommt
Kannst da du vorstelln was si lohnt
Wos si auszoit waaß ma zspät
Wia wos ausgeht waaß ma ned
Und es bleibt spannend bis zum Schluss

Du kannst zruckdenken vü vergessen
Aber vü wirst no wissen
Was gestern war sollt di ned störn
Du nimmst dir vor du wirst es nimma hörn
Und es bleibt spannend bis zum Schluss

Was machst du so denkst du noch
Was san Gedanken in der Nacht
Was macht die Kopf was macht die Hirn
Er tuat weh und des Hirn lasst di valiern
Und drum bleibts spannend bis zum End

Protest

Protest Protest i stell mi aufs Podest Protest Protest i stell mi aufs Podest Ja und scho wieder hab ich diesen unsittlichen Drang Mich mitzuteilen und meinen Senf dazugeben zu müssen Und zu sagen was mi stört und was si ghört Und was si auf keinen Fall ghört und was sein soll auf jeden Fall Naja und i hab mi wieder a bissl informiert
I hab die Zeitungen gelesen und hab ferngesehen Und hab mir Notizen gemacht Klar nach der neuen Rechtschreibung Und weiß halt so wieder einiges worüber i mi aufregen kann Weil ich's natürlich viel viel besser weiß Ja aber wer hört dir denn eigentlich zua Eh nur die über die man singt und schreibt Und das sind dann die die dir auf die Schulter klopfen Und verkünden: du hast sehr gute Texte, die gefallen mir Und dann drahn sa si um mit deiner Platte in der hand und machen weiter wie gehabt Ja aber wahrscheinlich nur aus diesem einen einzigen Grund Dass ein Jahr später dann die nächste CD gibt
Also alles beim Alten und i will mi ja auch ned verändern Ja und drum is ja eigentlich alles zum Scheißen, eigentlich

Protest Protest i stell mi aufs Podest Protest Protest i stell mi aufs Podest Naja guat und i bin ja ned der einzige der solche Sachen macht und das hat ja a lange lange lange Tradition und da gibt's viel mehr und auf der ganzen Wöd singt ma dann die Lieder von denen und zu den unpassendsten Gelgenheiten wrden die dann aufgeführt Na und da singen dann alle mit weil den Text kennens ja Und das ganze is ja sowas wie ein Zeichen, eine Geste und man will ja was sagen wenn man so ein Lied öffentlich vorträgt Und das kann man sich ja ganz einfach zu nutze machen sich auf die Fahnen heften des schreit ja ned Und a jeda waaß dann was damit gmant is ganz klar: ihr könnt mich alle am Arsch lecken oder irgendsowas in der Art unglaublich give peace a chance Und des muasst dir einmal vorstellen was bringt des und wo bringts di hin und wo bringts mi hin Protest Protest i stell mi aufs Podest Protest Protest i stell mi aufs Podest

Du + i

I hab seit letzter Zeit a so a Unruh in mir
I kann nimma rasten was wird do aus mir
Bin in Gedanken scho ganz weit furt
Bin immer irgendwo aber niemals vor Ort

Zum ersten Mal is ollas fix in mein Leben
A Anderer tät dafür sowas fast von ollas gebn
Es bringt a Lungenzug ned ollas ins Lot
Nur manchmal hilft er dir so wie a Rettungsboot

Wohin gehst du und wo bleib i
Wohin geh i und wos bleibt fia di
Wos bleibt fia mi wohin gehst du
Heast bleib ma do nur i und du

Die Zeit is knapp und meine a
Wos is a Leben scho gsehn in 1000 Joa
Des macht nur Sinn wennst es selber lebst
Doch wer lebt selber und wer verstehts

Stärkster im Stillen

Du kummst scho lang nimma her
Du hast es aufgeben hab I ghört
Du host dir eibüd des is scho lang her
Es kunnt was werden und es wär gar ned schwer

Wenn I so zruckdenk an all die Joa
Und mi erinner wos do ois war
Wir san gsessn und ham vü gredt
Und nie wars zu zeitlich und scho gar ned zspät

Jetzt is aus jetzt is vorbei
Jetzt kannst dran denken und rearn dabei
Früher warst stark und mit an Willen
Jetzt bist daham und der Stärkste im Stillen

Lonely

I just look lonely I don´t look sad
I´m not the only I´m not that mad
I just got drowned but went straight ahead
You put me down but I´m not afraid

I just look lonely I don´t look sad
I´m not the only I´m not that mad
I won´t get wings I don´t wanna fly
I just got tears but I don´t wanna cry

I just look lonely I don´t look sad
I´m not the only I´m not that mad
Then I lokked up and I saw a face
But don´t remember the time or place

3 different keys

Du sagst du hast gnua und willst mit mir nimma reden
Du wüst di nimmamehr mit mir da herstellen
Du hast dir des die längste Zeit geben
Und jetzt wärs Zeit fia a anderes Leben

Play it in 3 different keys in 3 different keys
It goes like this

Du schaust dir des ned länger mehr an
Du wüst jetzt endlich a amoi wos haben
Es war a anziger finsterer Traum
Nur jetzt is schluß jetzt gibt's nix mehr zu sagen

Play it in 3 different keys in 3 different keys
It goes like this

Schreiben

Schreiben ist so vieles einfacher als Lesen
Du kennst keine Grenzen und du musst dich nicht
Von den anderen einlullen lassen
Und des dann vielleicht auch noch für gut befinden
Obwohl du die selben Worte gebrauchst

Du brauchst keine Angst haben denn du siehst keine Reaktion
Und wenn du möchtest dann kannst dir den Vortrag selbst aussuchen
Du kannst dich vor allen hinstellen
Die die dich so gut verstehen
Und die ja genau wissen worum es dir geht

Und von da an möchtest du am liebsten auf dem Lokus schreiben
Denn dann wärst du doppelt erleichtert
Und es käme von dort wo es wieder hingeht

Das sind die Gesetze der Ewigkeit von denen du nichts weißt
Weil ich habe sie gerade erfunden
Und wenn du sie hörst
Wirst du sie genau so gut verstehen können wie ich
Als ich sie aufgeschrieben habe
An einem sonnigen Vormittag im Mai
Mit einer halben Tasse lauwarmen Kaffee
Kurz nachdem ich meinen Darm entleert habe

Der wahre Künstler brunzt dir ins Gesicht und du bedankst dich dafür
Wahrheit buchstabiert man L Ü G E

Bleifuß

Slow down und bleib cool
A bissl owa vom Gas
Wenn ma immer nur weiter rast
Bleifuaß auf 180 dahin
Ma sieht nix mehr und hat keine Zeit
Um sich extra zu kümmern
Ma is schnell sodass ma sich um vieles kümmern kann
Dass ma mehr sieht als sonst aber ma sieht nix mehr
Ma sieht nix mehr immer mehr

Mehr
Ma sieht nix mehr immer mehr
Du kannst vü mehr unterbringen
Du muaßt vü mehr unterbringen
Mehr reden und essen und schlafen und werken
Sodass der durchschnittlichste Mensch
Totaler Durchschnitt bleibt
Und trotzdem durchschnittlichster Durchschnitt
Das schönste is was er zu bieten hat
Und wir ihn am schönsten finden
Weil mir schon wieder was andres zu tun haben
Und deswegen keine Zeit haben

Im Durchschnitt müsste man doch zeit finden
Um durchschnittliche Leistung zu erbringen
Die dann von durschnittlichen Typen
Hochgerechnet auf Zeit und dividiert durch Kostenfaktoren
Zeitlich begrenzt nicht wollen oder aber auch nicht wissen können

Warum ich nicht darüber nachdenken kann
Weil erstens hab i ka Zeit und zweitens is des so
Als würde man einen Frosch sezieren
I waaß a ned mehr als vorher und am End is der Frosch tot

Gedicht

Das Gedicht das ich hier aufschreib
Hat kann Anfang und ka Ende
Es hat nie begonnen
Und wird niemals sein
Die Zeit in der ich es sehe
Ist die Zeit in der ich es aufschreib
I kanns ned fassen
Und ich kann es nicht sehen
I kann es a ned aufschreiben
Nicht einmal eine Beobachtung wäre möglich

Denn wenn ich den Stift aufs Papier setze und beginne
Worte zu malen
Is auch alles schon wieder vorbei
Auf seinem Weg woanders hin ist es gewesen
Und du kannst dich nicht einmal erinnern
Sondern hier nur nachlesen
Was ich davon aufgeschrieben habe
Nämlich gar nichts

Endlosschleife (in Flaschen)

Der Aschenbecher is immer sauber
Zwischenzeitlich wird er ausgramt
Das Bier in Reichweite
In Flaschen weil was waaß ma scho
Und die andren reden
Aber wer wü scho zuahörn
Was wer sagt is egal
Außer man spricht selbst
Endlos kommt Musik ausn Lautsprecher
Endlos in Endlosschleifen
Das zweite Bier wird bestellt
Immer hat ma Zettl und Blei mit
Weil die andren reden
Und wer will das schon hören
Die Musik in Endlosschleife
A ewige Wiederholung
Wie der Tag der genauso wie gestern war
Oder morgen sein wird
Die Musik ausn Lautsprecher kommt in Endlosschleife
Und die andren reden
Aber wer will das schon hören
Der Aschenbecher is sauber und wird zwischenzeitlich geleert
Das Bier in Flaschen
Weil man weiß ja nie so genau
Was morgen kommt
Aber wahrscheinlich ist morgen auch so ein Tag
Wie heute oder Gestern
Und die anderen reden
Aber wer will das schon hören
Wenn die Musik aus dem Lautsprecher kommt
In Endlosschleife – Endlos

Zu vü Gfühl

Zvü Gfühl
Kanns des überhaupt geben
Jetzt war i grad beim Spar
Und hät fast zum Rearn angfangen
Hät mir eigentlich sparen können
Aber da spüts des Lied
Des is zum Rearn

Erstens wegen dem Lied
Und zweitens weil's es grad da spielen muss
Fürchterlich is des
Aber überhaupt in letzter Zeit
Hab i so vü Gfühl
Wegen jedem Schaaß krieg i feuchte Augen
I waaß a ned woher des jetzt kommt
Könnt mi ned erinnern dass des scho amoi so war
Vielleicht gibt es sich mit der Zeit
Hoffentlich
Weil i wü ned beim Spar an der Kassa stehen und rearn
Weils meine Lieder spün
Obwohl dann wärs wirklich zum Rearn

I mag ned fernschaun und rearn
Sovü rearn dass i ned amoi mehr lesen kann
Wer mitgspüt hat

Cypress 2-6725

Wenn ollas dem Ende zugeht
Dann bin i a dabei
Und gestern is scho lang nimma heut
I kann mi no guat erinnern
Aber was bringt mir des
Wenn i waaß was amoi war
Aber ganz bestimmt
Nimma sein wird
Was a Teil von mir war
Aber wen interessiert das scho
Wer waaß scho wer i war
Und wer i bin
Manchmal will is selber gar ned wissen
Weil so viels scho vorbei is
Ja weil's gestern war
Ned amoi mei Gestern

Wenn mir gestern kalt war
Gspia i des heut nimma
Und wenn mir heut koid is dann gspia i des jetzt
Und wem is scho gern koid
I wü ned dass mir koid is
Gestern war mir koid

Wenn mei Vergangenheit so verschwindt
Und i nix mehr zum Dableiben findt
Dann kann i mi nimma erinnern
Des macht ollas vü schlimmer

Mack is back

indoor/outdoor

Ganz woanders

I lass scho seit Stunden läuten
Seit Stunden läuten nur kana geht dran
Sonst hast ja immer glei abghobn
An was soll i jetzt no glauben

Die Farben die haben si gschlichn
Ham si gschlichen und san scho weit furt
Wie wüst jetzt no was erreichen
I wü ned da sein so gern wär i dort

So gern wär i durt doch waaß i ned wo
So gern wär i furt I bin eh ned do
I bin ganz woanders I hab ni ned gsehn
I bin eh weit weg was is mit mir gschehn

Zerst wollt i vü schreiben
Vü schreiben quer übers Papier
I habs nimmamehr können
Verlernt hab is ned nur i schreib ned wegen dir

So gern tät i schreiben doch waaß i ned wie
So gern tät i speibn nur i waaß ned wohin
I bin ganz woanders i hab mi ned gsehn
I bin so weit weg wos isn gschehn

A früheres Leben

Wenn du hamkommst und kana is do
Und du findst di langsam damit o
Dass kana woat di vermisst
Weilst auf amoi allaanich bist

Wenn kana fragt wos war denn heut los
Kana frogt wo bleibst denn bloß
Früher ja da hät di des gstört
Und jetzt bist so weit jetzt hätst es so gern ghört

Jetzt denkst zruck dir foit so vü ei
Du siehst ganz klar und denkst nix dabei
Du siehst so vü willst ned drüber redn
Des is vorbei des war a früheres Leben

Zalkenbruck

Und scho wieder wach i auf in der Panier von gestern
Schau auf die Uhr kann mi nur schwer erinnern
Wie spät warsn auf jeden Fall scho murgn
Wo krieg i jetzt a Bier her sonst hab i kane Sorgn

I stell mi unters Wasser und i hoff i werd wach
Weil sonst kanns sei dass i die nächstn Stunden ned schaff
I fahr ma durchd Hoa und i kumm ned ganz durch
Die Schoin von gestern und i putz kane Schuach

Kauf ma a Semmel mit an Leberkas
Ka Pfefferoni und des macht mi scho haaß
I waaß genau i hab ane bestellt
I speis gern a la carte wos kost die Wöd

Bin orientiert waaß ganz guat wohin
I bin auf Zack
I siech a ganz guat hör wos i wü
A wenn's ganz laut is wenn i wü dann is stü

Mir is egal was ma si so denkt
Wenn ma mi siecht es gibt nix wos mi kränkt
Des hab i glernt fast perfektioniert
Des is was bei mir einwandfrei funktioniert

I rauch zuvü und i trink genug
Und wennst dazu gheast gibt's kann weg zruck
Du kannst bleibn wennst di traust
Wenn ned is besser wennst di überd Häuser haust

Dei Einsamkeit

Und du sitzt wieder amoi do
Glaubst alle ham di verlassen
So oft warst du scho zHaus
Aber nie wirklich daham

Immer hams as dir gschworn
Du kannst di fallen lassen
Und dann bist gfalln kana hot di aufgfangen
Du hast gmerkt du bist allaa

Und jetzt schaust ausse auf dei Meer so weit
Des ghört dir ganz allaa des is dei Einsamkeit
Wer nimmt die wieder weg wer baut di auf
Wer bringt des zsamm

Vor dir liegt immer no so vü
Und hinter dir is alles leer
Du kennst kann Ort der dir wos sogt
Und wüst kann kennen lernen

Du mochst a nimmamehr an Schritt
Die klan auf goa kann Fall
Du hast ka Kraft kann Antrieb mehr
Und wüst es nimma lernen

Und jetzt schaust ausse auf die Meer so weit
Des ghört dir ganz allaa des is dei Einsamkeit
Wer nimmt die wieder weg wer baut di auf
Wer bringt des zsamm

Langweilig

Draussen foit der Regen
Und kana ruaft an
I sitz da herinnen und tua fernsehschaun
Und draussen foit der Regen und kana ruaft an

I hab ma heut wos kocht
Vor der Videothek
War no schnö beim Billa wengan weißen Gebäck
I hab ma heut wos kocht vor der Videothek

Und jetzt sitz i do und schau in Fernseher an
Und trotzdem is mir langweilig
Und jetzt sitz i do und schau in Fernseher
Und mir is furchtbar langweilig

I trink jetzt no a Bier
Und hör in Regen vü besser zua
Vom Fernsehen reicht des Büd vom Ton hab i scho gnua
I trink jetzt no a Bier und hör in Regen vü besser zua

Und i sitz do und starr ausn Fenster
Weil mir is furchtbar langweilig
I schau ausse ausn Fenster
Mir is furchtbar langweilig

Die Schönen

Wos foit an scho ei wenn an nix mehr einfoit
Wos kann ma scho sogn wenn ma nix mehr zum Sagn hat
Wenn ma bliat aber ned waaß wos ausserinnt
Wenn ma nix suacht und deswegn nix findt

Wie kommt ma daher wenn ma gar ned wolln hat
Wie kann ma si da auskennen wenn ma si gar ned umschaut
Weil ma reart und heut ganz ohne Tränen
Man si an vü erinnert nur ned an die schönen

Die schönen Wos die schönen Wie
Die schönen Wer die schen Wohin
Die schön- die kennt ma nimmamehr
Vielleicht muaß so sein doch is des fair

Zerst hast ka Wort und dann lang kann Satz
Am Anfang ka Zeit und plötzlich vü Platz
Auf amoi kann Platz und immer no Zeit
Direkt neben dir und trotzdem so weit

Dann foit no wos um   Doch is ma versichert
& kana kummt drauf   Gegen jedes Malheur
Die Tür foit ins Schloss   Doch jetzt um die Zeit
Und geht nimma auf   Kummt ka Schlüsseldienst mehr

Die schönen Wos die schönen Wie
Die schönen Wer die schen Wohin
Die schön- die kennt ma nimmamehr
Vielleicht muaß so sein doch is des fair

Ned zum Glaubn

Wie kann des sein dass ma si so lang kennt
Und doch ned versteht
Dass ma si so lang kennt und ned waaß
Wovon der andre redt

Und manchmal da fliegen die Fetzen
& kana wü des wirklich haben
Kana wü dass so weit kummt
Es is afoch ned zum glauben

I kann des ned versteh
Des wü ned in mei Hirn
Von uns zwa wü doch kana
Den andren verliern

A Wort haaßt fia jedn was andres
Und meistens sogar des Gegenteil
Mi frisst des auf
I kann des ned vasteh

Und manchmal da fliegen die Fetzen
& kana wü des wirklich haben
Kana wü dass so weit kummt
Es is afoch ned zum glauben

Komm ziag di aus

Komm ziag di aus
Stell di bitte ned so an
Es gibt nix wos i ned scho gsehn
Also bitte komm jetzt ins Bett
Geh ziag di aus

Leg di do her
Na wenns geht a bissl näher
Du kannst ned sogn du mogst des ned
Weil des heut kana mehr vasteht
Leg di do her

Und morgn da wachst du auf
Und i bin scho furt
I bin scho weg
I muaß weida auf mein Weg
Aber jetzt

Leg di do her
Na wenns geht a bissl näher
Du kannst ned sogn du mogst des ned
Weil des heut kana mehr vasteht
Leg di do her

Komm ziag di aus
Stell di bitte ned so an
Es gibt nix wos i ned scho gsehn
Also bitte komm jetzt ins Bett
Geh ziag di aus

Last Call

Es geht stark auf hoiba drei
Doch du hast heut nix dabei
Du woast ned eigstöt auf so a Nocht

Host ned glaubt dass so spät wird
Scho wieder host di girrt
Wieder amoi ned spontan

Wieder amoi stark daneben
Wieder amoi vorbei an dein Leben

Hast eingschenkt und nie drauf gschaut
Dass a andre virehaut
Fia di warst nur du die Nummer ans

Doch jetzt stehst a du moi an
Bist nimma wirklich dran
Du hinkst hint nach und glaubst du stehst vurn

Wieder amoi stark daneben
Wieder amoi vorbei an dein Leben

Und i waaß es a ned recht
Wos mocht des Guade guad und des Schlechte schlecht

Es geht star auf hoiba drei
Doch du hast heut nix dabei
Du woast ned eigstöt auf so a Nocht

A Kaffee und es is aus

Wenn dei Herz zerbricht
Und die Nerven liegen blank
Du waaßt ned wos do gschicht
Stehst wieder mal am Anfang
Waaßt ned ein noch aus
Und du schwörst du bleibst allaa
Doch irgendwann kommst da raus
Weil auf einmal is wieder wer da

Du schaust di um und du triffst auf amoi wen
Du triffst so vü auf amoi kannst du wieder leben
Du waaßt wies schmeckt und zur Zeit schmeckst richtig guat
Ma konsumiert weil wann hat ma wirklich gnuag

Wer schlaft scho gern allaa ein
Wer wacht allaa gern auf
In der Fruah wüst as dann nimma sehn
A Kaffee und es is aus

Du ziagst dir eine wos am Markt verfügbar is
Wunderst di söba dass dir des auf amoi liegt
Du teilst jetzt aus weil du waaßt ollas kummt zruck
Und du trinkst aus a jedes Glasl bis zum letzten Schluck

Wer schlaft scho gern allaa ein
Wer wacht allaa gern auf
In der Fruah wüst as dann nimma sehn
A Kaffee und es is aus

Es gibt nu gnua

Grad war nur Gluat & vü Aschn
Du warst so sicher die Flammen haben di fia immer verlassen
Doch kaum foaht der Wind ganz ohne Warnung
Eine in di mit lodernden Flammen machst du a ganz a neue Erfahrung
& du denkst zruck und verstehst des ned
Dass so schnö wieder viregeht
Schaust noch vua es gibt no gnua

Es gibt no so vieles gnua fia di
Wos du ois no tuan wüst wo bringts di heut no hi
Du gspiast endlich wieder es lodert in dir
Fast host es vergessen des Jetzt und des Hier
Aber jetzt stehst endlich auf
Stehst wieder grad nix hoit di auf
Und schaust nach vua es gibt no gnua

Vielleicht kannst jetzt haben a wennst lieber _____
Doch zoit si des aus wennst nur no daran denkst
Dei Konzentration auf so vü Bessres
Mocht heut vü mehr Sinn ois auf wos Schlechtres
Und jetzt schlofst a durch
Nix weckt di mehr auf
& du kommts von unten hinauf

Wichtig fia di

Kannst di je erinnern dass ane so wichtig war
Dass ane so wichtig war
So wichtig fia di
So wichtig fia di und jetzt
Was is jetzt wichtig fia di

Was is jetzt wichtig
Wichtig fia di
Wos is jetzt wichtig
Allaa wichtig fia di

Wichtig fia di bist du
Wichtig fia di

Wos tuat ma laad

Es is scho furchtbar spät
Vü zspät no wos zum Sagn
Es war vü zvü heut Nocht
Vü zvü fia mi

So spät kanns ja gar ned sein
Wie kanns jetzt nur so spät sei
An was soll i mi erinnern
Vielleicht an di

Wos tuat ma laad
Vielleicht dass i dasitz
Wo sitz i sonst
Sitz i sonst daham

Mir is eh egal
Mir foit heut nix mehr ei
Und olle glauben i hab immer Ideen
Aber heute will i nur
A bissl leben

Wos tuat ma laad
Vielleicht dass i dasitz
Wo sitz i sonst
Sitz i sonst daham

An scheen Dank
Scheen Dank an mi söba

Reiß di zsamm

Jetzt reiss di zsamm und lass dir was eifalln
Reiss di zsamm und stell di ned so an
Reiss di zsamm und lass dir wos eifalln
Reiss di zsamm dann kummst a dran

Du kannst ned immer hinten stehn
Du muasst a amoi viregehn

Drum reiss di zsamm und lass dir was eifalln
Reiss di zsamm und stell di ned so an
Reiss di zsamm und lass dir wos eifalln
Reiss di zsamm dann kummst a dran

Du derfst di ned immer auf andre verlassen
Sonst stehst vielleicht amoi allaa auf der Gossn

Drum reiss di zsamm und lass dir was eifalln
Reiss di zsamm und stell di ned so an
Reiss di zsamm und lass dir wos eifalln
Reiss di zsamm dann kummst a dran

Und wenn die Wolken ziagn
Und wenn der Regen fallt
Dann muasst no schneller werdn
Dann derfs nix geben das di aufhoit

Ganz weit oben

Dass i di so schnö wieder siech
Hätt i mir a ned dacht aber wies halt so is
Allzu oft kommt unverhofft
Und meistens so vü dass di wirklich schafft
Dann hast ka Zeit zum klar überlegen
Dann muasst reagiern a Antwort gebn
Dann muasst wer sein und a wos sogn
Am besten no bevors di wos fragen

Dann stellst di hin und stellst di auf
Stehst ganz oben deswegen kommst nie drauf
Weil du siehst von dort nur mehr ganz schwach
Und die Luft is so dünn nur schwer bleibst du wach
Du wüst ned geh wüst nur sitzen ned amoi steh
Is ma amoi do oben hoit ma si fest
Du kennst nur di söba wer braucht scho den Rest

Nix hoit di auf wer sollt so was tuan
Es gibt kann über dir du hast no niemals verlorn
Drum find is gfährlich a fia di solltest du falln
Du kannst mir glauben es gibt so viele die di ned wolln
Die die di ned wolln wolln di ned amoi sehn
Mir gehst am Arsch vorbei kannst mi verstehn
Wenn ned is des wurscht mir is des egal
Nur pass besser guat auf fia di wär a Fehler fatal

Weitaus weniger

Weitaus weniger hät i nie erwartet
Weitaus weniger als vü mehr
Vü mehr gsehn hät i a ned wenn i mehr gschaut hät
Vü mehr gsehn ned vü mehr

Hät i afoch nur meine Augen aufgmacht
Hät i afoch nur ned so vü gwoat
Auf wos woat ma wenn ma ka Zeit hot
Auf wos woat ma Tag fia Tag

Ollas gsehn wos ma nur sehn kann
Ollas gspiat bis zum End
Wos soll ma soll ma no suachn
Wos soll ma finden wenn ma ollas kennt

Hät i afoch nur meine Augen aufgmacht
Hät i afoch nur ned so vü gwoat
Auf wos woat ma wenn ma ka Zeit hot
Auf wos woat ma Tag fia Tag

Sogn macht vü mehr als Reden
Reden is wos a jad tuat
Hean muaß ma ned immer besser
Früher hät i mir des nie denkt

Hät i afoch nur meine Augen aufgmacht
Hät i afoch nur ned so vü gwoat
Auf wos woat ma wenn ma ka Zeit hot
Auf wos woat ma Tag fia Tag

Wieder da

Es geht die Tia auf obwohl du waaßt ned wer draußt steht
Doch wos kann ma scho wissen
Wo is der Sinn wenn ma si nur vasteckt
Zerst host es no läuten lassen hast di ned bewegt
Du warst scho so festgfahrn doch jetzt hast di wieder söba entdeckt

Jetzt geht des Liacht an es war scho vü zlang vü zu still
Es war scho zu lang finster
Wos macht ma wenn ma ned waaß wos ma wü
Doch dir is langsam aufgfoin schaden kannst dir nur söba
Warst so lang woanders hast nimma gwusst wos fia di schee woa

Warst so lang allaa allaa mit dir söba
Allaa mit dir söba und nimma per du
Und dann bist du aufgwocht und hast di anzogn
Und woast auf amoi wieder do

Jetzt kannst wieder rennen & du siehst auf amoi klar
Wie war so was möglich
Dass du hinschaust doch fia di war ois ned wahr
Und jetzt kannst es glauben obwohl es tuat no immer weh
Doch gspiast es jetzt anders und findst es a a bissl schee

Warst so lang allaa allaa mit dir söba
Allaa mit dir söba und nimma per du
Und dann bist du aufgwocht und hast di anzogn
Und woast auf amoi wieder do

Der Umzug

Es war scho Abend und i kumm ham
Es war scho finster und du stehst do allaa
Mittendrin in an Haufen Schachteln
A bissl verlorn doch ned zu verachten

I sperr die Tia auf und ziag mi aus
Normalerweise fällt des Liacht von meiner Kuchl raus
Aufn Gang doch heut is des ned so
Es brennt des Ganglicht und mi macht des froh

I suach an Grund dass i aussekann
Du zahst die Schachteln und i schau di an
I trag den Mist und des Altpapier getrennt
Da kann i 2x gehen weil ma si dann näher kennt

Du bist do eizogn und du wohnst allaa
Fast ka Besuch wos moch ma jetzt wir zwa
Tät scho wos wissen wos hoitstn davon
Wennst wüst kummst hoit oba oder i nach obn

Heut fluacht er wieder

Heut fluacht er wieder mei Wirt
Hat immer a freundliches Gsicht
Aber wenn ma amoi ned hinschaut
Is eh besser dass man ned sieht

In der Eckn da sitzens wieder
Beim täglichen Ehestreit
Des machens seit 20 Joa
Und heut is wieder moi so weit

Da sans wieder gstöt
Sie kummt kurz vor Acht
Er kummt scho eigspritzt a bissl später
Versöhnung dann spät in der Nocht

Heut fluacht er wieder mei Wirt
Weil sei Oide grad von hinten vireschreit
I waaß a ned wos sie wü
A Essen is fertig nur er mant er hät no Zeit

Und wenn Sperrstund is
Dann redt er von der Pension
Dass er 20 Joa nimma dablost
Weil er is scho lang am Boden

Heut fluacht er wieder mei Wirt
Aber morgen da is er wieder gstöt
Dann is dann ollas pico bello
Um zehne in meiner klanen Wöd

Der Sturm

Heut geht a Sturm
Und du bleibst lieber daham
Waaßt genau wos die hinbringt
Der Sturm biagt die Bam

Nur du losst di ned biagn
Zumindest büdst dir des ein
Der Sturm wird di ned kriagn
Niemals wird des so sein

Gegenwind kummt immer nur vo vurn
Manchesmal so stark ois wie a Sturm

Du warst immer ganz anders
Zumindest wolltest es sein
Du warst so anders als alle andren
Aber was is da scho dabei

Es is a jeda so anders
So anders wie er's söba wü
Alles gleich nur ja nix doppelt
Bevorst wos sogst bleibst lieber still

Gegenwind kummt immer nur vo vurn
Manchesmal so stark ois wie a Sturm

Wovor rennst davon

Hinter dir foit die Tia ins Schloss
Du hast ka Zeit du muasst los
Es is no heut doch du denkst scho an morgen
Suachst di söba hast di irgendwo verlorn
Dir foit die Deckn aufn Kopf
Du wüst ned warten bis wer klopft
In deine Knochn steckt no der Schreck
Du waaßt es söba ned wovor rennst du weg

Du hast am liebsten immer schnö vergessen
Wenn amoi ned host es einegfressn
Und mittlerweile stehts dir scho bis obn
Am besten hast di immer no selbst belogn
Und heute bist scho wieder unterwegs
Mit 180 und bis frühestens 6
Du fühst di langsam wie der letzte Dreck
Und waaßt es söba ned wovor rennst du weg

Du hast immer gern in Spiegel gschaut
Weil di des immer so weit virehaut
Doch mach die Augen auf beim nächsten Mal
Und schau di an und nimm di söba fia voll

Heut foit dir nix mehr ei wosd dir dazöhst
Weilst di jetzt endlich mit dir owequöst
Deine Schmäh die host dir söba ned glaubt
Nur wegn die andren hast dir so vü verhaut
Und so oft hast du di vor dir versteckt
Hast di immer wieder söbst entdeckt
Warst so weit vurn und trotzdem hint
Weil di dort fast kana findt

Bis zum GehtNichtMehr

Die Wöd is a Wahnsinn und oftmals zum Speibn
Manchmal nennt mans Leben manchmal lossat mas bleibn
Nur i bin scho da und i hab ka Chance
Und des nutz i bis zum GehtNichtMehr aus

Hast du dir je wos gwunschen
Und hast es jemals kriagt
Hast du an dWahrheit glaubt
Bis gmerkt hast dass a jeda liagt

Hast du di fragen traut
Und auf a Antwort ghofft
Und wann hast ane kriagt
I trau ma wettn ned so oft

Weil die Wöd is a Wahnsinn und oftmals zum Speibn
Manchmal nennt mans Leben manchmal lossat mas bleibn
Nur i bin scho da und i hab ka Chance
Und des nutz i bis zum GehtNichtMehr aus

Du wolltest a wer sei
Ned immer nur zweite Reih
Jetzt merkst du gehst ei
Und warst doch nie dabei
Es is doch ollas möglich
Sie sagn a jeda hat a Chance
Doch sicherlich ned die gleiche
Fia viele is vorm Start scho aus

Fast immer steht ma wo danebn
Nie wü dir wer an Sitzplatz gebn

My girl Lues

Found me a girlfriend long time ago
Where I did find her I really don´t know
Since then she´s by my side
She´s my girl yeah she´s my pride
There won´t be a day without her
Ain´t nothing to say about her

About my girl Lues
My girl Lues

It did work from the very first day
I realized that there´s no other wayOnly to stay to believe in her
Just to trust in this affair de coeur

My girl Lues

She won´t never ever set me free
Until my end she´ll stay with me
She ain´t jealous but she´s true
That´s what I feel with every single I love you

From my girl Lues
My girl Lues

Liacht auf

Waaßt ganz genau wos du wüst
Waaßt genau wos di hinbringt
Bist dir so sicher waaßt es immer scho
Was wer andrer sagt hat no nie gstimmt

Und jetzt stehst du an jetzt geht nix mehr weida
Dabei warst du immer als die andren vü gscheiter

A blaues Aug hat no niemand gschadt
Amoi auf die Pappn foin macht di erst hart
Es is an der Zeit dassd di söba moi kennst
Ned immer nur am schnellsten vor dir söba weg rennst

Weil jetzt stehst du an jetzt geht nix mehr weida
Dabei warst du immer als die andren vü gscheiter

Vielleicht geht dir jetzt a Liacht auf
Vielleicht ans mit 100 Watt
Von söba kommst auf so was nie drauf
Erst wenn's di wo oweprackt

Man kann zwar scho stundenlang redn
Aber wenn dir kana zuahört redst vorbei an dein leben
Wos bringts dir söba wennst die andren vastehst
Aber mit dir söba ned amoi zwa Meter weit gehst

Und jetzt stehst du an jetzt geht nix mehr weida
Dabei warst du immer als die andren vü gscheiter

Other man´s row

Sun is shining through painted glass
Tombstone´s grey looking for the past
Never say nothing you can´t go wrong
Just get up you´ve been here for too long

Don´t take mummy´s kitchen knife
Just to prolog your own life
Don´t say nothing don´t say no no no
Just walk out on the other man´s row

You say hi and then get down
Wearing such a useless crown
Keeping pain inside your mind
Closed your eyes till you went blind

Don´t take mummy´s kitchen knife
Just to prolog your own life
Don´t say nothing don´t say no no no
Just walk out on the other man´s row

Put yourself down
Down in the ground
People walk around
Around you

Don´t take mummy´s kitchen knife
Just to prolog your own life
Don´t say nothing don´t say no no no
Just walk out on the other man´s row

Leaving town

Up & down it goes around
Waking up through awful sound
Trying to leave to pack my case
Just a memory of good taste

2nd wife just hanging round
It´s time for me to leave this town
Say a word bot don´t say no
It´s time to leave it´s time to go

Just through dust just through you
It won´t matter what I´ll do
Cut your lifeline take my knife
Just to save my own life

It´s time to leave no time to waste
In my mind this memory of good taste
Say a word but don´t say no
It´s time to leave it´s time to go

No matter what you´re thinking of
It comes harder it´s getting rough
It´s too much weight to carry on
Time was over now I´m gone

I pack my case with broken hands
I never knew what that meant
Don´t say a word don´t say no
It´s time to leave it´s time to go

Seitdem

Seitdem du di festhoitst
Seitdem du do bist
Seitdemst ned nur do sitzt
Seitdemst mi so anschaust

Seitdem i di gspia
Seitdem du so nah bist
Seitdem du mi wüst
Seitdem du mir nah bist

Da waaß i nix kann passiern
Und nix kann mehr gschehn
Und nix macht mir Angst
Und i kann wieder leben

Zerst hab i no Angst ghabt
I habs ned glauben können
Dass du mi wirklich nimmst
Und dann hab is gspiat
Du hast mirs zeigt
Dass du mi wirklich wüst

Zspät

Wos ma ollas so foisch macht
Waaß ma erst wenn's passiert is
Wos ma ollas ned richtig macht
Waaß ma erst wenn ma verwirrt is

Und dann is zspät
Vü zu spät

Wie kumm i eher auf so was drauf
Wenn mi niemand auf so was stesst
Loss ollas sein Lauf
Moch erst was wenn's geht

Nur dann is zspät
Vü zu spät

Wos ma ollas ned gsagt hat
Wia mas sogn hät solln
Wos ma ollas ned gfragt hat
Wie ma ned nur still hät sein solln

Nur jetzt is zspät
Vü zu spät

Geht's dir wie mir

Wenn du heut nimma waaßt
Wo du gestern warst
Und morgen ned kneißt
Wos heute war
Geht's dir wie mir
Geht's dir wie mir

Wenn du zitterst beim Aufstehn
Dir erst an Tschik anrauchst
Dir a Bier einschenkst
Weilst es wirklich brauchst
Geht's dir wie mir
Geht's dir wie mir

Dann könn ma uns treffen weil dann könn ma redn
Dann wirst mi vasteh weil i red ned mit an jedn

Wennst an Hunger hast aber nix essen kannst
Und dir doch wos kochst weilst es gerne machst
Geht's dir wie mir
Geht's dir wie mir

I trink

I trink
Des waaß i eh
I trink
Und I find des schee
I trink
Und du tuast des a
I trink
Manchmal allaa

Und du sogst ma sovü trinken is ned gsund du dazöhst ma dass ma mit der Zeit aufs viele Trinken hin wird, die Organe, vor allem die Leber und mit der Zeit wirst a deppat werden, kannst di an vieles nimma erinnern, an des was war, aber, naja, is des wirklich schlecht ? Weil

I trink
Des waaß i eh
I trink
Und I find des schee
I trink
Und du tuast des a
I trink
Manchmal allaa

Du sagst mir du trinkst nur wengan vergessen und i kann dir sagen, des waaß i eh, ja sag i, und du sagst mir dass des wos nicht verarbeitetes is, irgendwas des scho lang her is, wos i scho gar nimma waaß, aber waaß is ned weil is nie gwusst hab oder weil i zuvü trink, du sagst dass des tief drin in mir steckt und i sollt daran arbeiten weil des muss ausse, aber

I trink

I denk immer nur an di

I denk immer nur an di
Tag & Nacht denk i an di
Nur waaß i ned wo bringts mi hi
Denkst a manchesmal an mi

Mei Telefon is immer an
Vielleicht ruafst mi heut no an
Vielleicht redst heut no mit mir
Vielleicht meldst di no bei mir

Möglich is dass i mi irr
Ned klar siech nur wegen dir
Doch was is und i hab recht
Was i gspia is furchtbar echt

Mei Telefon is immer an
Vielleicht ruafst mi heut no an
Vielleicht redst heut no mit mir
Vielleicht meldst di no bei mir

Weil i denk immer nur an di
Frissts mi auf und machts mi hi
I kanns dir no ned sagn
Denk scho wieder nur an di

Mei Telefon is immer an
Vielleicht ruafst mi heut no an
Vielleicht redst heut no mit mir
Vielleicht meldst di no bei mir

Gib mi auf

Mei Herz is wia a Vasn
Unendlich oft pickt
Mei Sö is wia a Briaf
Den ma schreibt aber nie vaschickt

Schick mi weg
Und gib mi auf
Trag mi zur Post
Pick a Markn drauf

I vü mi wia die Pflanzn
Die in mein Wohnzimmer steht
Die kana giaßt
Und trotzdem wüs leben

Gib ma a Wossa
Giaß mi amoi
A poa Tropfen
Aber ned zu voll

I bin wia a Fisch
Dens aufs Trockene haut
A Füm spät aufd Nocht
Den kana mehr schaut

Schmeiss mi zruck
In dei Meer
Bleib no wach
Und schau her

Am seidenen Faden

Mei ganzes Leben fangt si an nur mehr im Kopf abzuspün
Es passiert gar nix mehr i valier scho mein Willn
I valier mei Kraft es gibt so vü wos i wü
Nix mehr was i kann und sovü wos i fühl

Irgendwas is zerbrochen in mir drin is was gsturbn
I hab auf so vieles scho die Lust valurn
Ja vorher da hab i fast alles glebt
Jetzt kann i mirs denken weil gar nix mehr geht

Mei Antrieb is furt mei Grund is weg
Nur der ane is do aus dem i mi vasteck
Aus dem i mi verkreu aus dem i nur mehr red
Weswegen i nix tua is es wirklich scho so spät

I steh nimma auf und i geh nirgends hin
Obwohl wolln tät i scho nur machts fia mi kann Sinn
Es bleibt si total gleich wie die Zeit vageht
Ob mas im Bett verbringt oda ob ma aufsteht

Obst zum Frühstück wieder mal an Gspritzten trinkst
Obst deine Lieder nur mehr beim Aufnehmen singst
Obs dir wichtig is was wer andrer so denkt
Weil dei Lebenswille am seidnen Faden hängt

Mei Antrieb is furt mei Grund is weg
Nur der ane is do aus dem i mi vasteck
Aus dem i mi verkreu aus dem i nur mehr red
Weswegen i nix tua is es wirklich scho so spät

I hab mir so oft gschworn so weit kummst nimma owe
Reiss di endlich jetzt zsamm und vergiss solche Tage
Doch es geht leider ned und funktioniert ned a so
Und vielleicht wärs wirklich besser i reiss fia immer o

Es is zum Scheissen und Speibn und Hinwerdn zugleich
Warum i immer wieder den söbn Punkt erreich
Warums immer wieder aufs söbe hinrennt
Und ma trotzdem nix gspiat wenn ma si wieder verbrennt

Mei Antrieb is furt mei Grund is weg
Nur der ane is do aus dem i mi vasteck
Aus dem i mi verkreu aus dem i nur mehr red
Weswegen i nix tua is es wirklich scho so spät

Wichtig

Hoit mi und lass mi nimma aus
Geh aus dir heraus und bleib
Bleib do weil später is dann zspät
Nur später wird's heut ned fia uns

Du du gehst ned aus mein Kopf
Weil i des gar ned will
Bleib bei mir im Hirn & lass mi valiern
I lass mi gern verwirrn von dir

I kann gar ned sagn was du gmacht hast
Wos du gmacht hast mit mir
Schau mir in die Augen damit i mi
In deine Augen drin valier

Sog ma sog ma wos soll i tuan
I hab mi valurn in dir
Wichtig es is furchtbar wichtig
Glaub ma es is richtig mit dir

Ned afoch

I häng an deine Lippen
An dein Hals
An deine Hüften
I brauch afoch ois
I häng an deine Wangen
Wenn du zu mir wos sogst
Wenn du zu mir herschaust
Waaß i genau wos du magst

Du kannst no so bled schaun
Du wirst ma immer gfoin
Doch fia di wird's ned leicht werdn
Du muasst mi aushoitn

Es wird ned afoch fia di
Es wird ned afoch fia mi
Doch wennst biag mas scho hin
Weil i glaub wir kriagn des hin

Eigenbedarf/AKA/Kontrasong/...und Fichtl raucht

TV

I wü ned fernsehen
I hab scho gnuag gsehn
Wollts ned a Ruah gebn
Es muass doch scho gnua gebn

Mir is des nämlich völlig rätselhaft
Wie ma so vü Stunden Fernsehen schafft
Ohne Inhalt ohne Hintergrund
Stesst ma si nur mehr an der Werbung gsund

I wü ned fernsehen
I hab scho gnuag gsehn
Wollts ned a Ruah gebn
Es muass doch scho gnua gebn

Und i sitz da so hilflos und verwirrt
Weil am Bildschirm nix mehr besser wird
Ollas oasch zum Speibn mir is schlecht
Euer Programm des hot ka Lebensrecht

Fernsehen Fernsehen
Fernsehen zum Gernsehen

I wü ned fernsehen
I hab scho gnuag gsehn
Wollts ned a Ruah gebn
Es muass doch scho gnua gebn

Es is nur Vinyl

Du machst die Tia fest zua
So dass kana einekann
Dass ollas draußen bleibt
Wos drin nix valurn hot

Dass kan Spalt breit
A Liacht durchscheint
Dass draußen still bleibt
Und drinnen sicher ned

Es is nur Vinyl
Es is nur Vinyl
Es is nur a oide Plottn
Es is nur Vinyl

Du wartst den ganzen Tag
Dassd endlich hamkummst
Dassd endlich da bist
Dassd endlich ankummt

Du hörst das Knistern
An jeden Kratzer
Und du muasst umdrahn
Nach vier fünf Nummern

Es is nur Vinyl
Es is nur Vinyl
Es is nur a oide Plottn
Es is nur Vinyl

Rocki

Völlig hilflos und die Wut bloß
Total sinnlos und so machtlos
Haust den Huat drauf hoitst di ned auf
Regst di ned auf gibst di ned auf
Weil du wrats imemr scho so
Du warst deppat

Immer besser als die andren
Du warst gscheiter nur nie weiter
Jetzt bist weiter nur ned gscheiter
Weiter unten ganz weit drunten
Weil du warst immer scho so
Du warst deppat

Und jetzt sitzt du da und verstehst die Wöd nimmamehr
Der Riese er is gschrumpft auf an Zwerg

Völlig hilflos und die Wut bloß
Total sinnlos und so machtlos
Haust den Huat drauf hoitst di ned auf
Regst di ned auf gibst di ned auf
Weil du warst immer scho so
Du arst deppat

Und jetzt sitzt du da und verstehst die Wöd nimmamehr
Der Riese er is gschrumpft auf an Zwerg

Guter Rat (gratis!)

Der Selbstmord is völlig irrelevant
Als Methode zwar stark anerkannt
Als Lösung schwer zu hinterfragen
Weil wer will schon die Konsequenzen tragen
Drum gib i jetzt gratis an guten Rat
Es is scho gscheit wenn ma zhaus nix zum Schießen hat

I hab mir des selbst oft scho überlegt
Mein letzten Willen aber no ned hinterlegt
Deswegen is a ned möglich dass i des tua
Weil in unordnung gehen des losst mir ka Ruah
I wissat a ned wia sollt i schneiden
Weil wenn i a Bluat siech kummt ma des Speibn

Und gibt's halt immer no die Tabletten
Oder sollt i mi glei an die Gleis anketten
Bei der U-Bahn obs schnell geht i tät ned drauf wetten
Und wenn dann nur nüchtern und nie in der Fettn
A Nocht drüber schlafen könntat mi retten
Vielleicht hüft a Fuaßbad oder a Beten

Opener

Bist scho munter bist scho wach
Es war echt a ganz schee lange Nacht
Aber glaub mir sie is no ned vorbei
Drum steh auf es is höchste Zeit
Weil du hast Kraft und ma sieht dassd dus kannst
Weil kana ungstraft auf deine Nerven tanzt

Oiso zah an zag wos in dir steckt
Es gibt no a Land des hat no kana entdeckt
Des wart no auf di weils sunst kana findt
Man findt ned hin weil den Weg kana kennt
Den kennst nur du und du waaßt ned woher
Aber waaßt eh wos ma waaß nimmt an kana mehr

Du host ollas erreicht und host ollas wosd wüst
Doch des haaßt no lang ned dass ma nimmamehr fühlt
Oiso steh auf und gemmas jetzt an
Es gibt no so vü zum Tuan und irgendwo fangt ma an
Und wennst a oft hörst wos kann ana allaan
I kann di beruhigen weil wir san scho zwa

Es kann dir passiern dass dann wer lacht
Doch nur weil ers söba ned wirklich schafft

Himmlischer Frieden

Wer nix zu verbergen hat hat a nix zu befürchten
Und vorbeugen is bekanntlich besser hals heilen
Es is zu deiner eigenen Sicherheit
Da is zu ihrer Sicherheit ned weit
Und wenn die Möglichkeit besteht
Hamma amoi himmlischen Frieden

Früher hams immer so schee dazöht von wehret den Anfängen
Aber mittendrin kriegt man des nimma so hin
Jeder macht gern mit wie ma is innovativ
Man is Tag & Nact und überall erreichbar
Und jeder waaß wos du liest

Jeder schaut gern fern
Des haben alle gern
Jeder denkt gern nach
Vor allem wenns ana vormacht

Du brauchst di ned fürchten und brauchst a ka Angst haben
Aber immer a Lächeln uauf den Lippen und was schönes anhaben

Es is zu deiner eigenen Sicherheit
Da is zu ihrer eigenen Sicherheit a ned weit

I geh so gern in mein Garten mit google earth muass i ned lang warten
I waaß gern wo i bin i hab a Handy dass ma mi findt
I bestell gern bei Amazon aber die Stapo waaß des schon
I hab nix zu verbergen i hab ka Angst vor den Herrn
Die ham Angst vor dir

Kein Anschluss (unter dieser Nummer)

Mittlerweile bin i echt verwirrt
Weil i hab jetzt ollas scho ausprobiert
Nur hat davon nix funktioniert
Und i zweifel dran dess es no as wird

Der Erfolg des Unternehmens macht ma Kummer
Ka Anschluss unter dieser Nummer

I war do wirklich schon ganz knapp dran
Doch auf amoi hat si irgendwas tan
Wo i bis heut ned waaß wos is passiert
Und der Zweifel wird größer dass es no was wird

Der Erfolg des Unternehmens macht ma Kummer
Ka Anschluss unter dieser Nummer

Es haut ned hin und es wü ned werdn
Sovü Melancholie gibt's eh nur in Wean
Und wenn des Selbstmitleid mi a zerfrisst
Waaß i trotzdem ned was besser is

Der Erfolg des Unternehmens macht ma Kummer
Ka Anschluss unter dieser Nummer

Get a life (get alive!)

Der Tagesablauf liegt am Tisch freu Haus geliefert täglich frisch
A Laufsteg warst du für a Stund mit Wellness hält man sich lang jung
Am Nachmittag wird diskutiert was wichtig scheint und doch so irrt

Dei Uhr rennt o swird Zeit zum Leben es muass doch mehr als Fernsehn gebn
Get a life get alive
Den ganzen Tag das Fernsehbild weils Schlimmeres im Spiegel spielt
Get a life get alive

A kurzer Blick zum Schwurgericht dassd ehrlich bleibst Moral mit Gewicht
Bis sechs am Abend hast zehnmal kocht hast Gwand bestellt sonst hast nix gmacht
Du bist rundum informiert hörst beide Seiten waaßt wos wird

Dei Uhr rennt o swird Zeit zum Leben es muass doch mehr als Fernsehn gebn
Get a life get alive
Den ganzen Tag das Fernsehbild weils Schlimmeres im Spiegel spielt
Get a life get alive

Eigenbedarf

A LP a Flaschn rot des is wos Gmiatliches
der Langeweile Tod
A weißer Spritzer oder a a Bier
des hot wos für sich am besten no mit dir
Do hot ma ollas wos ma so braucht
a Zigarettn wenn man no raucht
Ma liest a Buach oder schaut an Füm
Ma is versunken in Gedanken schaut genauer hin

Ma tramt an Tram oder sieht a Büd
ma hört a Liad ganz laut und wüd
Oder a leise fast ohne Ton ned fia die Nachbarn
weil die kennt ma ja schon
Ma hat nix an nur die sun die heut scheint
und a wenns schneit gehst auf des gar ned ein
Mitten im Sommer des wird kana glauben
doch du siehst es deutlich durch deine Augen

Und dann wachst du auf die Flaschen is leer
Nur Aschen is da und sunst gar nix mehr
Doch du waaßt genau wos ollas war
Und ollas woa woa und sunst is nix woa
Und auf amoi is klar wos ollas woa
Und ollas is wahr

Was geht denn mi des an

I hab so vü und du hast nix
Weil i hab ganz klar die bessern Tricks
Ma nimmt si wichtig findt des richtig
Wos ma tuat findt ma echt guat
Doch was geht denn mi des an
Wenn andere so deppat san

Na i hab lang gnua glaubt
I hab vü ztuan
Doch dann hab i gmerkt
I hab vü Zeit valurn
Doch was geht denn mi des an
Wenn andere so deppat san

Leg di hin und schlaf di aus
Weil du findst da eh nimma raus
Doch was geht denn mi des an
Wenn andere so deppat san

Es is möglich und beweglich
Man vergeicht was man erreicht

Doch was geht denn mi des an
Wenn andere so deppat san

Wickel

Nur a Trottel schalt auf stur
Und i hab glei gsehn dass du ana bist
Du glaubst du bist wichtig du kummst grad richtig
Weil i bin den ganzen Tag scho haaß

Du suachst an Wickel
Na schau mi an wenn i mit dir red
Du kommst schon o in mei Gossn hab i dir oft gnua gsogt
Und heut samma do
Und wir machen uns des aus no auf oid
Weil in meiner Gossn wird heut ned gschossn

Du warst früher scho so deppat
Und du bist es a blieben
Und i kann mi nur wundern
Wieso hat dir des bis jetzt kana austriebn
Du fiachst di vurm Bluat
Und es riecht verbrennt
Aber du brauchst ka Angst ham
Dass di dann kana mehr kennt
Weil ma identifiziert di an deine Zähnd

Wenn a Wort (Girmindl/Krizsanics)

Immer wieder kummst zu mir
Immer wieder findst mei Tia

Wenn a Wurt des kana hört
Fia immer dir und mir nur ghört

Immer wieder lahnst di an
Und du waaßt dass i des brauch

Wenn a Wurt des kana hört
Fia immer dir und mir nur ghört

Kannst dir vastellen dass sowas gibt
Dass des Glück so vor dir liegt

Wenn a Wurt des kana hört
Fia immer dir und mir nur ghört
Wenn mas ned sogn muss
Weil die Antwort kommt ganz stü

Ka Zeit

Weit und breit hat kana Zeit
Ned heut und ned murgn
Nur vüzvü zum tuan

Ohne Unterbrechung schaust du auf die Uhr
Meine liegt daham und lasst mi dort in Ruah
Dank sei Gott dem Herrn du hast 5 Minuten Zeit
A bissl kann ma reden dann is eh wieder so weit

Mindestens vier Monat im Vorhinhein geplant geplant
Sonst gibt's da goa ka Chance ma kummt ned an di ran
Du bist sowas von beschäftigt echt total begehrt
Sowas von beliebt dass ma nix mehr von dir hört

Weit und breit hat kana Zeit
Ned heut und ned murgn
Nur vüzvü zum tuan

Chancenlos im leben auf 5 Minuten Zeit
Amoi fia di söba du wirst niemals mehr frei
Du rennst von links nach rechts um kummst doch ned vom Fleck
Warst immer scho der Schnellste doch no nie warst du weg

Du glaubst so kummt ma witer vü weiter wenn ma hetzt
Doch immer noch bist da vielleicht hast di verschätzt
Hast Angst dassd wos versamst hast jemals was erreicht
Kann sei dassd über bleibst dass si a jeder schleicht

Weit und breit hat kana Zeit
Ned heut und ned murgn
Nur vüzvü zum tuan

I muass jetzt gehen weil i bin stark im Stress
Muass ollas scho notiern weil i sunst ollas vergess
I hab jetzt ka Zeit ganz sicher an Termin
I muass dringend zhaus dort leg i mi dann hin

Weit und breit hat kana Zeit
Ned heut und ned murgn
Nur vüzvü zum tuan

Samstag, Nachmittag (geschlossen)

Wenn i so zruckdenk wie das war
Es kummt ma vor als wie vor hundert Joa
Ois wa des ollas gar ned woa
Damals

I woa ja echt no a klana Bua
Und es losst ma bis heut ka Ruah
A so a Samstagnachmittag
Damals

Da war ka Mensch mehr auf der Gassn
Die Gehsteig warn wie verlossn
Und ka Gschäft hat mehr offen ghabt

I war im Garten und hab gspüt
Als klana Mensch is ma so richtig wüd
Und hab a Gspia ghobt fia des wos zöht
Auf der Wöd

Heut is a Samstag wie alle Tag
Und so a Tog wie i erm gar ned mog
Scho gar ned a so wies wao
Damals

Da war ka Mensch mehr auf der Gossn
Die Gehsteig warn wie verlossn
Und ka Gschäft hot mehr offen ghabt

Heut bauns a Haus da nebn an andern
Und i frag mi warum ham wir uns das antan
Wenn ma nimma siecht wos oben gschicht
So wie damals

Es san die Bam recht schnö zum zöhn
Na und ma merkt dass sie niemand föhn
Aber i kann mi no erinnern
An damals

Da war ka Mensch mehr auf der Gassn
Die Gehsteig warn wie verlossn
Und ka Gschäft hat mehr offen ghabt

Sommerhit

I brauch kann Sommerhit
Den schreib i ma söba
I kann da eh ned mit
Aber des war doch eh klar

Weil mir wird furchtbar schlecht
Immer dann wenn i Radio hör
Was i ja eh ned möchte
Aber es is halt furchtbar schwer

Weil durch Zufall da rennt er immer irgendwo
Und i halts ned aus des gschissene Radio

Es rennt nur Weichspüler
Und Ruhigsteller
Massenkompatibler Scheißdreck
Zum Abgewöhnen

So wie im Fernsehen die söbe Gschicht
Nur vü hinterfotziger weil mas ned sieht
Ganz wurscht wosd bist es schleicht si an
An jedem Ort ganz egal es kriegt dich dran

Weil durch Zufall rennts immer irgendwo
Und i halts ned aus des gschissene Radio

Doch es serviert eh nur des wosd bestöst
Den größten Dreck am goldenen Tablett

Ferdinand

Ferdinand wie bist denn du beinand
Wir ham uns scho so lang nimma gsehn
Kannst di no erinnern

I bin immer beim Fenster gsessn
Und hab die Leut angschaut
I hab immer nur a Bier trunkn
Nachdem i amoi an Spritzer von di kriagt hab

Ferdinand so oft hast du dazöht
Wosd ois erlebt hast
Vielleicht wars wahr
Aber in dem Moment hats dir kana glaubt
Oh Ferdinand du warst unser Narr

Und auf amoi warst du weg
Kana hot gwusst wo du bist
Und nix war dann so wies war

Ferdinand du bist dann gsturbn hab i ghört
Und i hätt fast greart
Weil i mi erinnert hab wie des ois woa
Bei dir vorm Fenster vor sovü Joa

Und wenn Sperrstund war
Und i hab kane Tschick mehr ghabt
Dann hast ma du an gschnorrt
Und wir ham graucht

I schnapp glei über

Manchmal glaub i echt i shnapp glei über
In mir drinnen kippt a Schalter oder so
Manchmal glaub i echt i schnapp glei über
In mein Hirn wird wos ausgschütt
Kana waaß wos war

You´re gone (Girmindl/Krizsanics)

You´re moving on I think you´ll be gone
Leaving town you won´t be around
Where did you go leaving me all alone
Nothing behind just you on my mind

So here I am and where are you
Leaving me here with nothing to do

You´re gone you´re gone
Leaving me all alone
You´re gone you´re gone
Leaving me all alone

Left me behind meomories on my mind
I can´t forget the times with you
Will you ever come back I won´t wait for you
Won´t remember your name pretend i need you

You´re gone you´re gone
Leaving me all alone
You´re gone you´re gone
Leaving me hanging on

Ideale

Wie das Leben halt so spielt
Du waaßt jo wie des is
Ma hat vü Ideale
Die man oftmals dann vergisst
Es is bequem wenn ma nur redt
Drüber redt wos ma ned lebt
Ma hat wos vua
Ma hot a Ziel
Nur wird's an meistens dann zu vü

Oftmals dann wenns wichtig wär
Erinnert ma si goa ned mehr
Weils leichter foit mit andre Worte
Weils afoch is wenn ma nix tuat
Dann kummt wos Neues näher
& man vergisst des Schwere eher
Ma hot wos vua
Ma hot a Ziel
Nur wird's an meistens dann zu vü

Man verspricht schnö wos ma ned kennt
Weils theoretisch afoch rennt
I moch mas leicht i schreib a Liad
Weswegens a ned anders wird
Vielleicht hüfts ma dass is ned vergiss
Vielleicht foits ma ei wenns wichtig is
Ma hot wos vua
Ma hot a Ziel
Nur wird's an meistens dann zu vü

Tears in my eyes (bittersweet)

Tears in my eyes
You put tears in my eyes
A bittersweet surprise
Tears in my eyes

When I dreamed you In my sweet dreams
It never looked like it hardly seemed
Even to come true never to loose you
Never to leave you I never knew

Tears in my eyes
You put tears in my eyes
A bittersweet surprise
Tears in my eyes

When I dreamed you again in my sweet dreams
It never looked like it hardly seemed
That I will loose you kill and abuse you
And to look at you now my drem came true

Tears in my eyes
You put tears in my eyes
A bittersweet surprise
Tears in my eyes

Tears in my eyes (dehydriert)

Wos rearst denn so vü heast du rearst so vü
Wann bist endlich stü heast du rearst so vü

Egal wos los is
Du fangst zum Wana an
A wenns kann Grund gibt
Da gewöhnt si kana dran
Des hoit doch niemand aus
Es rinnt nur aus dir raus
Heast kannst du des ned aufhoitn
Es is ned zum Aushoitn

Wos rearst denn so vü heast du rearst so vü
Wann bist endlich stü heast du rearst so vü

Heast kannst du da nix tun
Oder hast du an Frust
Macht dir des ka Angst
Der Flüssigkeitsverlust
Wie machst du des im Sommer
Bei ana mordstrum Hitz
Wie kann ma do no rearn
Wenn ma gleichzeitig schwitzt

Wos rearst denn so vü heast du rearst so vü
Wann bist endlich stü heast du rearst so vü

A Irrtum

Wenn du stehbleibst & zruckschaust auf des wos ollas woa
wird's deutlich und so sichtbar und dir auf amoi klar
Es war ned sinnlos, sogar notwendig & auf amoi siehst es ein
Es kann ned immer & andauernd auf ewig leiwand sein

Man wird älter & a gscheiter & manchmal wird mans ned
Aber meistens funktionierts schon & man bleibt ned ewig bled
& wenn schon dann überreisst mans in der Regel meistens ned
& is si sicher des san die andren und man selber is es ned

Auf an Irrtum folgt der nächste & auf amoi is es zspät
Doch wenn ma schnö is & vergisst na dann gspiat mas vielleicht ned
Vielleicht ned glei aber später weil erst is ma no verwirrt
Doch es foit an wieder ei wenn die rechnung wer serviert

Geduld

Manxmoi bist du so leise und da hör i nix von dir
Da nimm i ka Notiz und bin dann eh söba dran schuld
Dass i wieder ollas überseh und ollas überhör
Drum bin i dir so dankbar fia dei Geduld
Weil i söba wenig hab und die meiste Zeit nur Stress
Den i ma eh söba moch und der ned notwendig is
Über den i wenig waaß nur daß i deswegen i vü vergiss

I waaß ned wie des is und i waaß ned wie des geht
Is es afoch so mit mir oder is es afoch ned
Denn i wollt nur sagen dass is echt ned nur probier
Dass is wirklich versuch und i spü mi ned nur bled
Weil auf amoi is wos wichtig und wenns echt is merkst es schon
Und wos wichtig is wird richtig und es bleibt ned nur a Schmäh
Und es is ned a so dass i dir nur a Gschicht dazö

So a Madl

So a Madl is nix fia di So a Madl is nix fia di
Die is doch zoid fia di Madln san da scho weida
Und die is doch zafoch gstrickt und du bist ja vü gscheida
So a Madl is nix fia di So a Madl is nix fia di

Wia si die nur so anziagn kann des häts früher nie gebn
Und du kannst di ned jetzt scho binden
Du wüst ja no wos erleben
So a Madl is nix fia di Si a Madl is nix fia di

I glaub des könnt nie wos werdn
I mach ma Sorgen um di
I wü doch nur dass du glücklich wirst
Es geht doch ned um mi

So a Madl is nix fia di So a Madl is nix fia di
Du kannst di do no ned festlegen dafia is do no vü zfruah
Du verrenst di in a Idee du bist doch mei Bua
So a Madl is nix fia di So a Madl is nix fia di

Sozial (zum Kapital)

Ganz gleich wos du waaßt is es richtig oder ned liegst du foisch oder hast recht is beides ned schlecht weil hast du recht is es ned gut oder schlecht is es eigentlich egal weil du hast recht ohne Recht
Und hast du ka Recht is des vielleicht gar ned schlecht und es is no ned fatal weil wir san jo sozial sozial samma scho und deswegen a froh weil es kann nix passieren wir san sozial zum Kapital
Weil geht uns wos o a poa Netsch oder so is no goa nix passiert weil es wird ois finanziert Danke!

Wir sehn nur des wos ma a sehn wolln fia ois andre samma blind und so bleibts uns a gstoin
Gstoin wos is boid und im Winter recht koit aber i hatz ma ei weil i zoi fleissig ei
Nur mancher zoit ned weil erms Göd ständig föht und so is erm a koit nur dass niemand auffoit so vü zu sozial guat erm föht Kapital aber wenn er ans bringt is er wieder Liebkind
Die Rechnung geht auf und es nimmt seinen Lauf und man nimmt was man kann und stellt si nie hinten an

Bled, schiach & blad (Girmindl/Krizsanics)

Du dazöhst ma immer Sachen die mi echt ned intressiern
Wenn i mit dir fort gehen miassat tät i mi fia di geniern
Du stellst di glei wo zuwe und lasst niemand ka Ruah
Kana hört si di an a wenns olle so tuan

Wos is des fia Gfühl wenn an wirklich kana wü
Wenn ma irgendwos sogt und auf amoi wird's ganz still

Du kummst ma manchmal vua ois wärst du von an andren Stern
Wer kann an Mensch wia di scho leiden di hat doch nur die Mutter gern
Eigentlich tuast ma laad so a Leben des fänd i fad
Und du bist ned amoi bled schiach oder blad

Wos is des fia Gfühl wenn an wirklich kana wü
Wenn ma irgendwos sogt und auf amoi wird's ganz still

Unterwegs

Um Mitternacht 2 Kölsch an der Rezeption
Die is rund um die Uhr besetzt wenn ma läut
Dritter Stock mit Lift aber zu Fuß wegen der Kondition
Auschecken bis 10 mit Frühstücksbuffet is des a ka Problem

Vom Nebenzimmer hörst ois und verstehst nix
Und da wird in der Nacht anscheinend a ned gschlafen
Es wird a ned gevögelt i tät jetzt vögeln
Und duschen in der Fruah wie 1000 Nadelstiche aber es gibt Seife

Und ma fühlt si unterwegs
Überhaupt ned ghetzt
Ma hot Zeit dass si ois setzt
Endlich wieder unterwegs

Ewig gradaus auf der Autobahn und heut is nix los
Hoiba 10e M20 sis fast wie daham
Nur die Foabn san a bissl blasser die Patti Smith im Radio
Kurz vor London und der Regen fangt an

Und ma fühlt si unterwegs
Überhaupt ned ghetzt
Ma hot Zeit dass si ois setzt
Endlich wieder unterwegs

Wenn ma waaß wo ma hinwill und ned waaß wie ma hinkommt
Dann is des ned ned wirklich zielführend
Wenn ma waaß wo ma hinwill und a waaß wie ma hinkommt
Muass des a ned wirklich zielführend sein i glaub i schiab die Doors eine

Und ma fühlt si unterwegs
Überhaupt ned ghetzt
Ma hot Zeit dass si ois setzt – endlich wieder unterwegs

Teilprominent

Du bist a so netter Mensch
Ja fast scho teilprominent
So Leut wie di hot ma gern
Auf Leut wie di sollt ma hörn

Du bist a so wunderschön
Sowas hab i no nie gsehn
Da schaut ma wirklich glei hin
Du bist a so a Gewinn

Fia mi bist a Kreatur
A Fehler in der Natur
Du bist dir dessen bewusst
Und daher kummt a der Frust

Hoffentlich frisst er di auf
Weil i hoit di nimmt aus
Wennst wüst dann hüf i a noch
Wennst es ned eh söba machst

Wos wichtig is (Kontrasong)

Für viele Menschen sind die guten Manieren furchtbar wichtig
Doch es gibt wichtigeres und deswegen find i des ned richtig
Wenn man Bildung mit Intelligenz verwechselt weil glernt is wos boid
Und ob ma waaß wos ma tuat darum kümmert si dann niemand
Weil die Titanic stammt von Profis und die Arche von Amateuren
Und deswegen will i heute nix mehr von Bildung hören

Lernst was kannst was bist was isüberhaupt ned woa
Der Herr Mag. Dr. Dr. & Professor san fia d´Hoa
Weil man büd si schnell wos ei des wirst a Leben lang nimma los
Und wenn dann wer merkt wos los is is die Enttäuschung riesen groß
Drum bleib bescheiden weil dann bist wer und spü ned jeden Trumph glei aus
Man kann im stillen a genießen und des zoit si länger aus

Vom Klimawandel hören die meisten Leut nur an der Kreuzung
Im Autoradio im Stau & es rennt die Heizung
Dann z´Haus um hoiba 8e spüts wie immer die Nachrichten
& brennend interessiert mi muss i mi echt danach richten

Millionen Menschen beginnen das neue Jahr mitn Neujahrskonzert
I ned weil i bleib liegen denn mir is es des ned wert
Früher samma aufgstandn uns war schlecht und wir waren speibn
Heut is mir ned schlecht i bleib liegn und lass es bleibn
Ma sieht die Wöd so wie sie ist erst mit Fieber richtig
Deswegen gibt's bei mir ka Haubn kan Schal weil sowas is mir wichtig

Der Depressionist

I sitz da und schwitz nur is do ka Hitz
I zitter und frier mir is so koit

I waaß ned wos los is es druckt mi so owe
I habs scho erlebt aber selten so Tage
Wo goa nix passiert is aber ollas nur oasch is
Wo ma total verwirrt is aber trotzdem so klar sieht

Pünktlich zum Wetter kommt die Depression
I griaß ganz freundlich weil wir kennen uns schon

Und glei drauf geht's los und wir tauschen uns ausführlich
Wos ma ois so erlebt haben in der Zwischenzeit gmacht haben
Und i frag ganz deutlich warum i wieder dran bin
Weil i kanns ned verstehn dass i echt so kaputt bin

Die Händ san so koit mei Hemd nass vua Schweiß
I glaub i werd oid i zitter wia a Greis

Aus der Bahn

Aus der Bahn
Was wirft mi Aus der Bahn
gibt's irgendwen der des kann
Aus der Bahn

Wos is do passiert
Dass mir so komisch wird
Was geht mi so an
Und wirft mi aus der Bahn

Was i ja scho gern wissen möcht
Warum is mir andauernd schlecht
Weil i ja do nix essen kann
Bin i aus der Bahn

Miad, verwirrt & i

I sitz do und bin verwirrt weils halt echt ned besser wird
Miad verwirrt & i

Des is echt a Mischkulanz und a Vorteil bei so Tanz
Blede Tanz & i

Draußt is no ka Sunn doch die Nacht kummt langsam um
Ka Sunn die Nocht & i

I geh ins Bett und leg mi hin weil heut mochts echt nimma Sinn
A Bett ka Sinn & i

Egal

Was geht dir durch den Kopf wennst mi so anschaust
Was geht dir durchn Kopf wennst mi so anlachst
Wenn du mich so glücklich machst dass mir nix mehr wirklich fehlt
Wenn du mir so zeigst was wirklich zählt

Was geht dir durchn Kopf wenn du mi ins Ohr beisst
Was geht dir durchn Kopf wennst mi an die Hoa reisst
Wenn du mi so glücklich machst dass mir nix mehr wirklich fehlt
Wenn du mir so zeigst was wirklich zählt

Und mir geht durchn Kopf dass i immer da sein wird
Ganz egal wosd machst und is a no so verkehrt

Dei Gold

Manchmal is besser wenn ma nix sagt
Weil heutzutag wird scho vü gsogt

Mach die Pappn auf zag die Zänd
I hab mi no nie an des Goschnhalten gewöhnt
Reden is silber und Schweigen is gold
Doch wann hät i gsogt dass i die Gold wollt

Du wochst auf und es is a Tag wie jede andre
Du waaßt ned wo is hint oder vuan
Du heast so vü und du waaßt ned wer hot glogn
Dei Vertrauen in andre hast du längst valurn

Mach die Pappn auf zag die Zähnd
I hab mi no nie an des Goschnhalten gewöhnt
Reden is silber und Schweigen is gold
Doch wann hät i gsogt dass i die Gold wollt

Du waaßt wos rennt und du kennst di aus
Oiso mach den Mund auf und wart ned auf Applaus

Mach die Pappn auf zag die Zänd
I hab mi no nie an des Goschnhalten gewöhnt
Reden is silber und Schweigen is gold
Doch wann hät i gsogt dass i die Gold wollt

Provinz (...und Fichtl raucht)

Vü zu enge Gassen dass ma waaß wo ma is
Und vü zhoche Häuser dass mas Klableibn ned vergisst
Fia a Leben zu wenig nur des wos ma braucht
Zum Sterben zvü und der Fichtl raucht

Hollywood an an regnerischen Tag
Als wär i gern der den i überhaupt ned mag
Jedes Beten is do fast wie a Fluach
Mit zklane Fiass in zgroße schuach

Der klane Bruader spüt jetzt scho am Balkon
Ja früher war des no streng verboten

Jetzt ghört er dazu kriegt ois wos er braucht
So lang bis er bliat und der Fichtl raucht

Von drüben sehns eina heast mich ka Licht
De mochen jo a kans dass ma wieder nix siecht
Aber i heas ganz deutlich heut wird wieder gstrittn
Und über uns drüber wird grad wieder grittn

Hollywood an an regnerischen Tag

Ka Zeit fian Blues

Es tuat ma wirklich laad nur i hab heut ka Zeit fian Blues
Es tuat ma wirklich laad nur i hab heut ka Zeit fian Blues
I hab no so vü vua no so vü wos i tuan muass

Erstens muass i moi da sein und zweitens muass i wohin
Drittens muass i wo beiben und i waaß jetzt scho ned wo i bin
Es tuat ma wirklich laad nur i hab heut ka Zeit fian Blues
I hab no so vü vua no so vü wos i tuan muass

I waaß genau wos i wü und i waaß genau wos i sollt
Nur war des wos i sollt no nie des wos i wollt
Es tuat ma wirklich laad nur i hab heut ka Zeit fian Blues
I hab no so vü vua no so vü wos i tuan muass

Du waaßt no ned wosd kriagst bis jetzt waaßt nur wos du wüst
Bevorst dir aber zvp nimmst pass auf dassd di ned vakühlst
Es tuat ma wirklich laad nur i hab heut ka Zeit fian Blues
I hab no so vü vua no so vü wos i tuan muass

Angelus (in Open G)

Der Trottel soll straßenkerhn der soll amoi hackeln geh
I hab ghört der hat 30 Wohnungen I hab a Wohnungen ghobt
Nur jetzt bin arbeitslos
Weil die Jungen die wissen nix die ham ja no nie arbeiten miassn
I hab er jo ned erlebt aber unterm Hitler hat a jeda goabeit

I hab a Gattin ghobt mein Frau und i
Sie hot si scheiden losen sie hot an kenna gelernt
Nur woa des ned i na ned i
Radlfoahn derf i nimmt i hob 2 Radln zhaus
San scho vü gsturbn
Des Wrack liegt in 4000 Meter & der Füm dauert 3 Stund
Hot kost 2 Milliareden greicht hät scho 1 Stund
I kauf ma die Füme auf DVD in mehreren Sprachen nur i hea scho schlecht
I geh am Montag zum Friseur hint und kurz links und rechts

Auf Kuba

Hast du je a Ahnung ghobt dass ma den Andren ganz allanich trogt
Ohne dass man richtig nimmt ana so groß und der Andre grod a Kind

Hast du di jemals so was gfrogt wie is des möglich dass des geht und ma nix sogt
Dass ma si richtig gut vasteht ohne dass a Wort dem andren auf die Nerven geht

Auf Kuba waht a andrer Wind du kennst er gut weil er is selbst no a Kind
Und in dem Wind da drin is warm und kann is allaa in deine Arm

Und i wü ned dass du foist aber im Fallen lernt mas Fliagn
Und i wü ned dass du fortfliegst aber i lass di ziagn

Autist

Manchmal verkräul i mi
Verkräul i mi weil i nix wissen wü
Wos anderer denken wos a jede so mahnt
Davor haus uns ja damals in der Schul so oft gewarnt
Manchmal verkräul i mi weil i nix wissen wü

Manchmal kummts via dass i nix sogn wü
Ned vü sogn weil afoch ned mag
Ned auffoin mag ned auffaoin mag ned auffoin mog

Und die meisten verstehns ned und es
liegt erna im Mogn
Denn sie glauben si mochn wos foisch und trotzdem muss ma ned immer wos sogn
I muss ned imma mitredn weil si des hoit so ghört
Und scho möglich kann sei dass si dann wer beschwert
Aber manchesmal da verkräul i mi
Verkräul i mi weil i nix wissen wü
Manchesmal da verkräul i mi
Verkräul i mi weil i nix wissen wü nix wissen wü nix wissen wü

Anonym

I trink anonym
I waaß ned wer i bin
Drum trink i anonym

Was ich nicht weiß

Es is scho oft passiert dass mi wos interessiert
Dass i wos wissen wollt was i ned wissen sollt
Na obs grad war oder ned

Na weil waaß ma scho und was hat ma davon
Wann ma ois durchschaut was ned hinhaut
Manchmal stell i mir vor wie wärs wenn i nix waaß
Weil wos i ned waaß mocht mi ned haaß

Na wenn ma dLeut so kennt und wenn ma waaß wos rennt
Da tun sich Dinge auf da legt ma kann Wert drauf
Nur wenn mas waaß dann is scho zspät

Na weil waaß ma scho und was hat ma davon
Wann ma ois durchschaut was ned hinhaut
Manchmal stell i mir vor wie wärs wenn i nix waaß
Weil wos i ned waaß mocht mi ned haaß

Nachtschicht

Hoiba 8e es is zspät du kummst heute sicher ned
Hoiba 9e i schau aufd Uhr und frog mi no wo bleibst du nur
Es is nach 3 und es geht auf 4 und du bist immer no ned hier
Gehst du zFuaß oder nimmst an Wogn i kann des Woartn nimmt ertrogn

Foahst mit Taxi oder gehst zFuaß
Kummt aufs Telefon a Gruaß
Kummt ka Wurt bleibt ollas stü
Is es ned des wos i wü

I war do und hab vü geraucht hab außer dir ois wos i brauch
Jetzht geht die Sunn schee langsa,m auf i leg mi hin erst trink i aus

Foahst mit Taxi oder gehst zFuaß
Kummt aufs Telefon a Gruaß
Kummt ka Wurt bleibt ollas stü
Is es ned des wos i wü

Wolf

I bin wia a Wolf
I bin immer hinter dir her
Und auf dNocht da heul i in Mond an
Weil sunst kann i dann eh nix mehr

I bin auf dera Wöd
Immer hinter dir her
Und du versteckst di vor mir
Aber dann traust di scho her

I bin wia a Wolf
Und irgendwann wird i di reissen
Mir wird sicher niemand herr

I war wia a Wolf
Aber jetzt bin a Schoßhund fia di
Aber an Wolf ziagts ausse auf dNocht
Hinterm Ofen is ka Plotz fia mi

Im Kreis

Im Kopf no furchtbar vü Plotz
Glaubst ollas wos ma da sogt
Du host jo no kann Vergleich
An Erfahrung ned reich

Vü später aber kummt ma drauf
Es hoit an ollas nur auf
Die Zimmer is ned die Wöd
Und der papa ka Höd

Ois wos du lernst wos du waaßt wos dir sogn
Schickt di eh nur in Kras und liegt dir im Mogn

Sie hoin di in ihr Boot
Mit Tadel und mit verbot
Des wirst die Leben nimmt los
Und der Schaden is groß

Ois wos du lernst wos du waaßt wos dir sogn
Schickt di eh nur in Kras und liegt dir im Mogn

NHE (Natural Herzen Einsamkeit)

Du fühlst di so wohl dir is es so recht
Du manst dir geht's guad du fühlst di ned schlecht
Du warst immer scho so eher nur allaa
Es is afocher als wia fia zwa
Du brauchst kann Grund wenns amoi später wird
Oder di entschuldigen wenn ma si im Namen irrt

Des is die Natural Herzen Einsamkeit
Du bist immer allaa und nie zu zweit
Die Natural Herzen Einsamkeit
Die bringt di so weit und du bist nie bereit

Mit vü Überlegen kummt ma a ned weiter
Und allaanich denken macht an ned vü gscheiter
Ja nur ehrlich gestanden muass i echt amoi sagen
Wie kann man denn sowas auf die Dauer ertragen
Allaa sei is leiwand nur einsam halt ned
A ned wenn man sichs andauernd eiredt

Des is die Natural Herzen Einsamkeit
Du bist immer allaa und nie zu zweit
Die Natural Herzen Einsamkeit
Die bringt di so weit und du bist nie bereit

Joe Average

Joe Average was that kind of man
Who never hurt himself though he was swallowing pain
When he was fifteen straight he was old enough to work
And he was old enogh for others to hurt

The he got a wife but only for a few years
Until she left Joe and he´s got years for his beers
He got time for himself but there was nothing to see
Except for a few seasons of his favouite shows on tv

Joe average you neede a rest
You ever knew what´s for you the best
Ever knew what´s right and what´s wrong
But never knew the meaning of a few songs

He kept on working day in day out
The he felt burned out but never knew all about
Felt lonesome without freedoms choice
Was silent without any voice

Joe average you neede a rest
You ever knew what´s for you the best
Ever knew what´s right and what´s wrong
But unfortunately never knew the meaning of any song

They found him hanging after two days
Maybe he thought it´s the easiest in so many ways
Left nothig just a single note
„It´s done" that´s all what he wrote

oe average you neede a rest
You ever knew what´s for you the best
Ever knew what´s right and what´s wrong
But never knew the meaning of a few songs

Pop

Und dann geht's afoch an
Und es hört sich fürchterlich nach Austropop an
Doch i i lass es bleibn
Und drum werd ichs jetzt fertig schreiben

Denn was kann i dafir wenn a anderer
Furchtbar schrecklich is und die Lieder mies
Und man trotzdem ned den Hahn zudreht
Weil a Greatest Hits ja no immer geht

Und no a grundsätzlcihes Propblem
So angenehm und so bequem
Frei Haus gratis und encodiert
Als mp3 am PC installiert

Und was kann i dafia dass so afoch is
Doch in Wirklichkeit furchtbar schrecklich mies
Und die Quantität vor der Qualität
Schon seit Ewigkeit am Podestl steht

Und dann wünsch i ma
Luttenberger klug & die Sprtfreunde stiller
Doch i bin realistisch und i waaß
Es is ned jeder Wunsch erfüllbar

Und was kann i dafia dass so afoch is
Doch in Wirklichkeit furchtbar schrecklich mies
Und die Quantität vor der Qualität
Schon seit Ewigkeit am Podestl steht

Wennst a Platte willst musst auf dSuche gehen
Weil die hast ned in jedem Gschäftl stehn
Und a Plattengschäft existiert mit Recht
Doch in letzter Zeit geht's mehr schlecht als recht

Anpassungsfabrik/Kollaborateure/Vorhang

Sag i ned
Tätst mi quön
Engagiert
Wenn i wieder sing
Hoat
Der Anfang vom End
Wenn du manst wir san am Ende
Long long gone
Das große Glück
Angst vorm Leben
Wer bist du worden
Bleib ned steh
Dann
Die Anpassungsfabrik
Oida
Dranbleiben (am Dranbleiben)
Wenn i mir so denk
Niemand derf ma sagen
Ned haaß aufs Verrosten
Wos hät des fia an Sinn
Lebst wieder
Hör auf
Hängst an wem
Schau umma
Jawohl
Kollaborateure
Niemals fad
Exodus
Wenn i aussegeh
Garoka-Blues
Mit Bedauern
Ohne di ned
String broke
Precious memories
Ned no amoi
Xund
Schritt

Mindestrentner
Vastö di ned
Ka Platz   **Der Rest ist Schweigen/BEAT**
Sowas von fort
Mr Singh
Host Zeit
Sagst ka Wort
Im Vorübergehen
A Anderer
Da wundert no wos
Mei Illusion
Mittendrin
Ois wissen
Lass niemand warten
1:1
Bis zur Tür
Gestern
Verwirrt
Lass mi schlafen
Spannend bis zum Schluss
Protest
Du + i
Stärkster im Stillen
Lonely
3 different keys
Schreiben
Bleifuß
Gedicht
Endlosschleife
Zu vü Gfühl
Cypress 2-6725
Ganz woanders   **indoor/outdoor**
A früheres Leben
Zalkenbruck
Die Einsamkeit
Langweilig
Die Schönen

Ned zum Gluauben
Komm ziag di aus
Last Call
A Kaffee und es is aus
Es gibt nu gnua
Wichtig fia di
Wos tuat ma laad
Reiß di zsamm
Ganz weit oben
Weitaus weniger
Wieder da
Der Umzug
Heut fluacht er wieder
Der Sturm
Wovor rennst davon
Bis zum GehtNichtMehr
My girl Lues
Liacht auf
Other man´s row
Leaving town
Seitdem
Zspät
Geht's dir wie mir
I trink
I denk immer nur an di
Gib mi auf
Am seidenen Faden
Wichtig
Ned afoch
TV Eigenbedarf/AKA/Kontrasong/…und Fichtl raucht
Es is nur Vinyl
Rocki
Guter Rat (grati!)
Opener
Himmlischer Frieden
Kein Anschluss (unter dieser Nummer)
Get a life (get alive!)

Eigenbedarf
Was geht denn mi des an
Wickel
Wenn a Wort
Ka Zeit
Samstag, Nachmittag (geschlossen)
Sommerhit
Ferdinand
I schnapp glei über
You´re gone
Ideale
Tears in my eyes (bittersweet)
Tears in my eyes (dehydriert)
A Irtum
Geduld
So a Madl
Sozial (zum Kapital)
Bled, schiach & blad
Unterwegs
Teilprominent
Wos wichtig is (Kontrasong)
Der Depressionist
Aus der Bahn
Miad, verwirrt & i
Egal
Die Gold
Provinz (...und Fichtl raucht)
Ka Zeit fian Blues
Angelus (in Open G)
Auf Kuba
Austist
Anonym
Was ich nicht weiß
Nachtschicht
Wolf
Im Kreis
NHE (Natural Herzen Einsamkeit)

Joe Average
Pop

**RARES FÜR BARES II
2004-2010**

Das dazugehörige Album. Eine Sammlung von B-Seiten, Outtakes und anderen verstreuten Raritäten.

c+p 2023   TON - 38
GIRMINDL Tonkonserven

www.girmindl.at